イラスト 中谷友紀子 ／ 仕上げ 東映アニメーション

Nakatani Yukiko

TOEI ANIMATION
PRECURE WORKS

2

Nakatani Yukiko
TOEI ANIMATION PRECURE WORKS 2

C O N T E N T S

ACT 01

ILLUSTRATION GALLERY

第1章 イラストギャラリー

この章では、中谷がキャラクターデザインを手がけた『トロピカル～ジュ！プリキュア』のカラーイラストを中心に収録。また本書の前作にあたる『中谷由紀子東映アニメーションプリキュアワークス』のために描き下ろされた、特典イラストと色紙も収録した。初出については巻末にまとめたので、あわせて参照いただきたい。

DATA

『トロピカル～ジュ！プリキュア』2021年2月28日～2022年1月30日
『Go！プリンセスプリキュア』2015年2月1日～2016年1月31日

トロピカる部

「トロピカル～ジュ！プリキュア」Blu-ray vol.1～4　各巻12話収録発売元：マーベラス　好評発売中

トロピカる部
いちねんかん
ありがとう♥!

Go! Princess Precure
Thank you for your LOVE!

プリキュア
15周年
おめでとう
ございます
中谷友紀子
2018

Tropical ♥ Time

ACT 02

TROPICAL ROUGE! PRECURE CHARACTER DESIGN

第2章　トロピカル～ジュ！プリキュア　キャラクター設定集

「海」と「コスメ」をモチーフに、賑やかなストーリーが展開した「プリキュア」シリーズの18作目『トロピカル～ジュ！プリキュア』。明るく快活な夏海まなつ、彼女と友人になる人魚の国の次期女王候補・ローラ、そしてそんな２人を取り巻く仲間たちをめぐって、コミカルなテイストの物語が繰り広げられた。この章ではキャラクター設定画の中から、中谷がデザインを担当したものをまとめて掲載した。

NATSUUMI MANATSU / CURE SUMMER

夏海まなつ
キュアサマー

真夏の太陽のように明るく、どんなときも元気いっぱいの中学1年生。考えるよりも先に身体が動いてしまうタイプで、感情表現もとびきり豊か。故郷である南乃島から母の住んでいるあおぞら市へと引っ越してきた日に、海で人魚のローラと運命的な出会いを果たす。口癖は「トロピカってる〜！」。

NAKATANI'S COMMENTARY

まなつは本当にわかりやすいキャラクターで、天真爛漫、元気で活発なイメージのままに突き進んで、今の形になっています。あと、最初に提案した私服に対して「ちょっと都会の子っぽい」という意見をいただいたんですよね。なので、少し野暮ったい感じを意識してデザインしています。

キリッと凛々しい表情からにこやかに見せる笑顔まで、表情豊かなキュアサマー。白を基調に、レインボーカラーを配置した色遣いが何より印象的だ。

エクセレン・トロピカルスタイル

トロピカルハートドレッサーを使ってパワーアップ。コスチュームがより華やかに変化するのに加え、強力な5人技が使用可能に。

ショートパンツが活発な性格を感じさせる、まなつの私服設定。水着もしっかりレインボーカラー。また就寝時には、父親と同じ魚がプリントされたTシャツを着用。

SUZUMURA SANGO / CURE CORAL

涼村さんご
キュアコーラル

可愛いものを集めるのが大好きな中学1年生で、まなつが転入することになるあおぞら中学校のクラスメイト。実家がコスメショップを経営しているだけにオシャレにも目がなく、メイクやコスメにも詳しい。どんな相手にも気遣いができる優しい性格で、まなつとすぐに仲良くなってしまうほど社交的。

NAKATANI'S COMMENTARY

キュアコーラルはすぐにイメージがまとまって、リボンをいっぱいつけて、ツインテールで可愛くしよう、と。むしろ苦労したのはさんごですね。企画書には「可愛いものが好きな普通の子」と書かれていたんですけど、下手をするとモブみたいに見える。なかなかイメージがわかなくて、大変でした。

キュアコーラルの表情集。頬のところのハートマークがチャームポイント。またページ左下は、彼女が使うぺケバリアの参考設定（ラフ）。

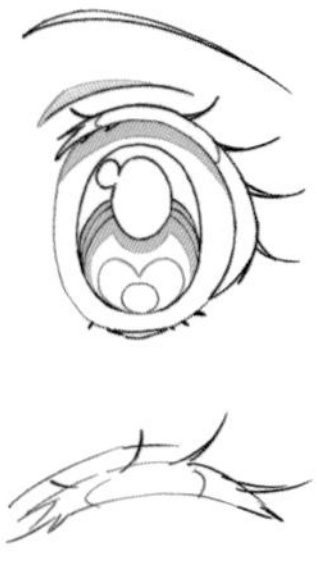

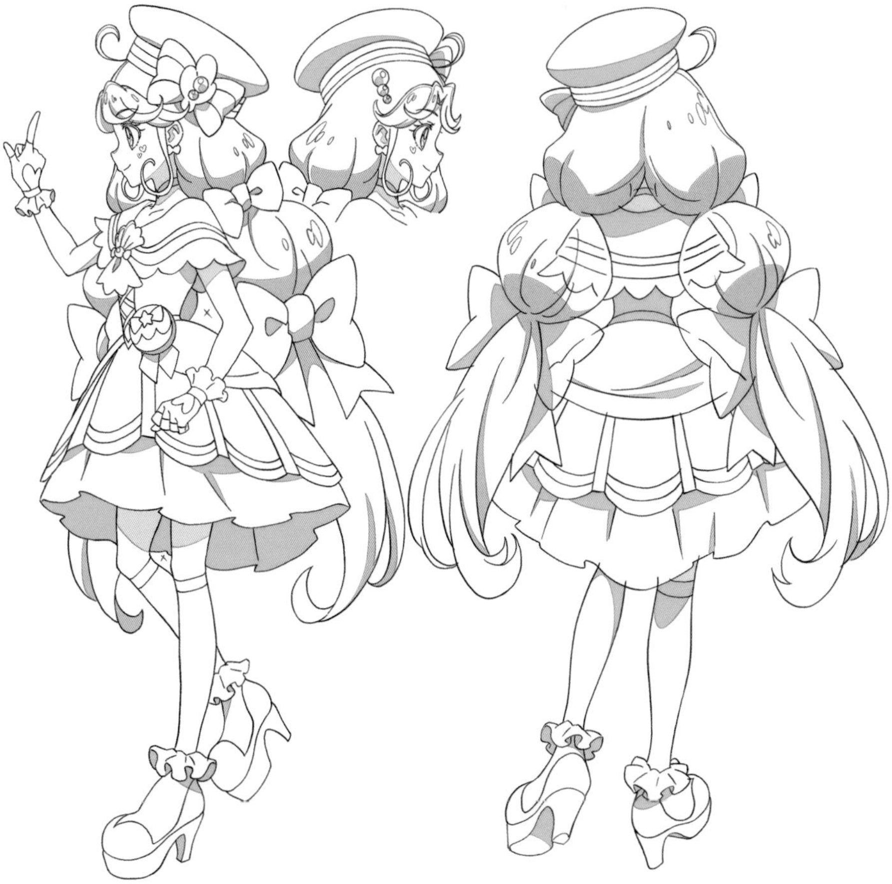

エクセレン・トロピカルスタイル

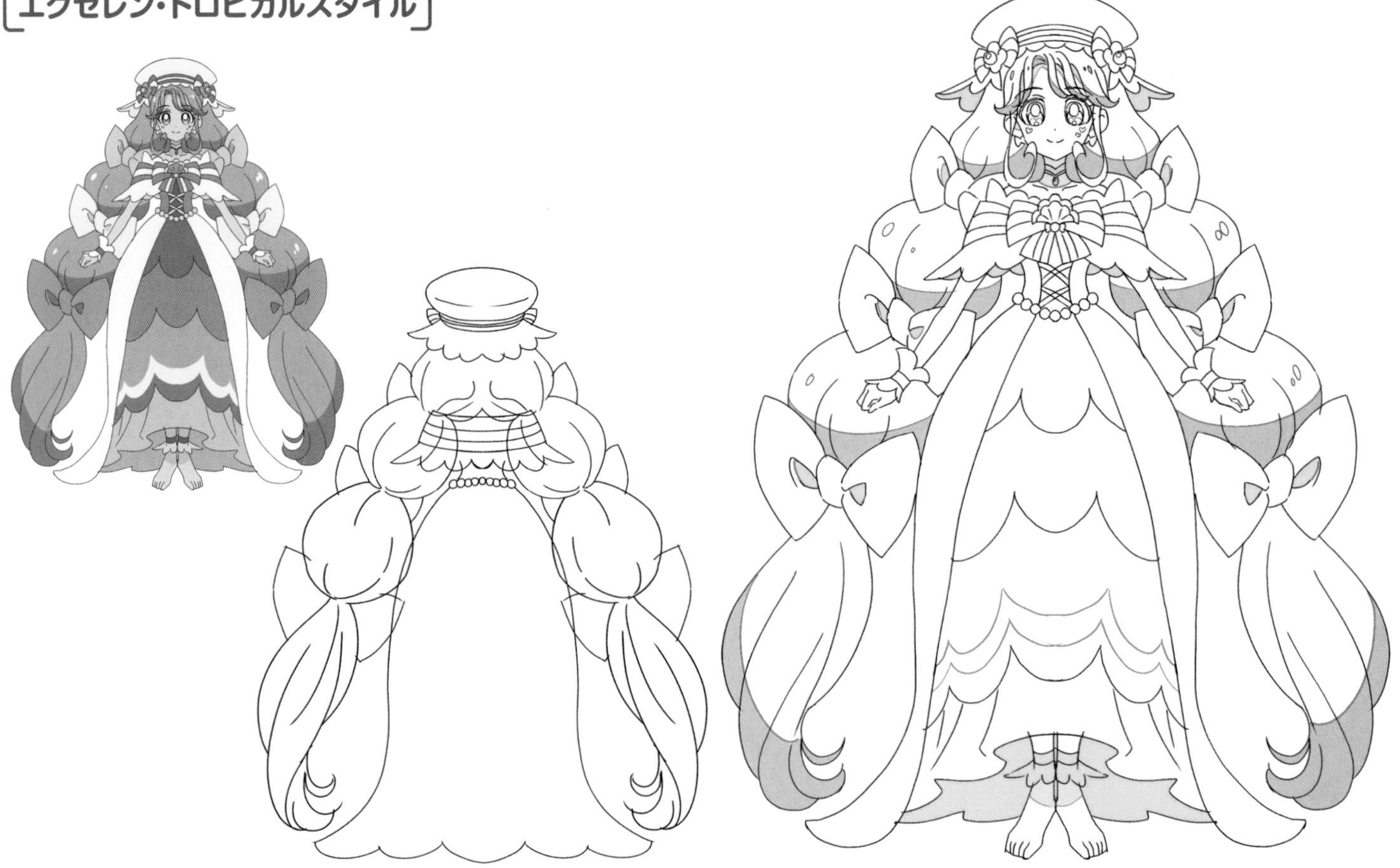

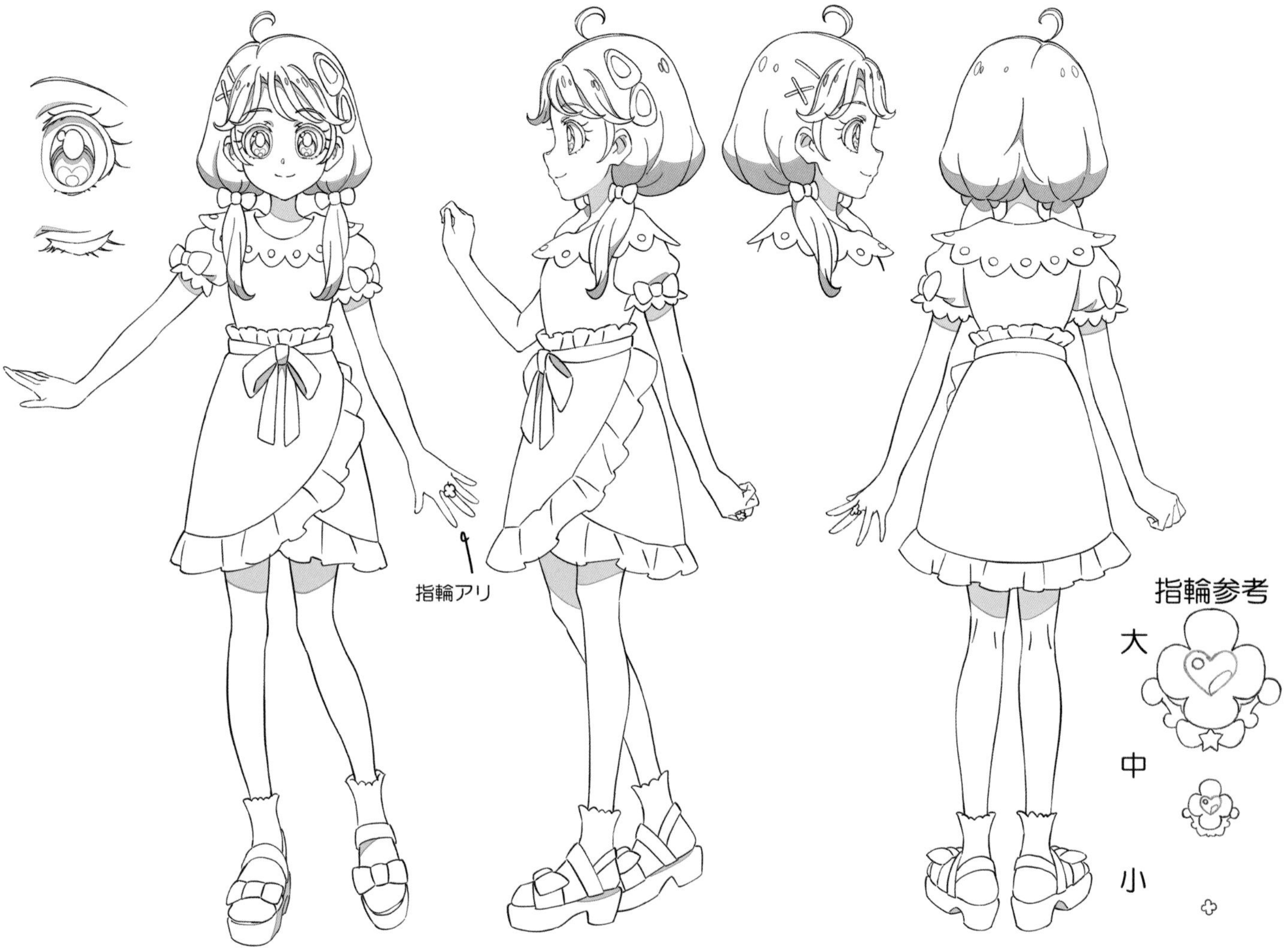

普段からオシャレにしっかり気を使っているさんごの私服設定。水着姿（中段左）も、じつにファッショナブル。下の2点は学校での制服姿（左は冬服）。

ICHINOSE MINORI / CURE PAPAYA

一之瀬みのり
キュアパパイア

まなつが転入するあおぞら中学校の2年生。学年で成績トップの優等生であることに加えて、本を読むのも大好き。なかでも、小さい頃から読んでいた『人魚姫』が愛読書で、人魚の伝説や物語にも詳しい。どんなときもポーカーフェイスを保ち、あまり感情を表に出さないタイプだが、自分をしっかり持っている。

NAKATANI'S COMMENTARY

パパイアってそもそも、パッと見でわかりやすい形じゃないんですよね(笑)。なかなか記号に落とし込むのが難しい。なので、スカートだったり髪型、シルエットを丸っこくして、コンパクトにまとめています。髪飾りも当初はもっとシンプルなものだったのですが、パーツを増やしました。

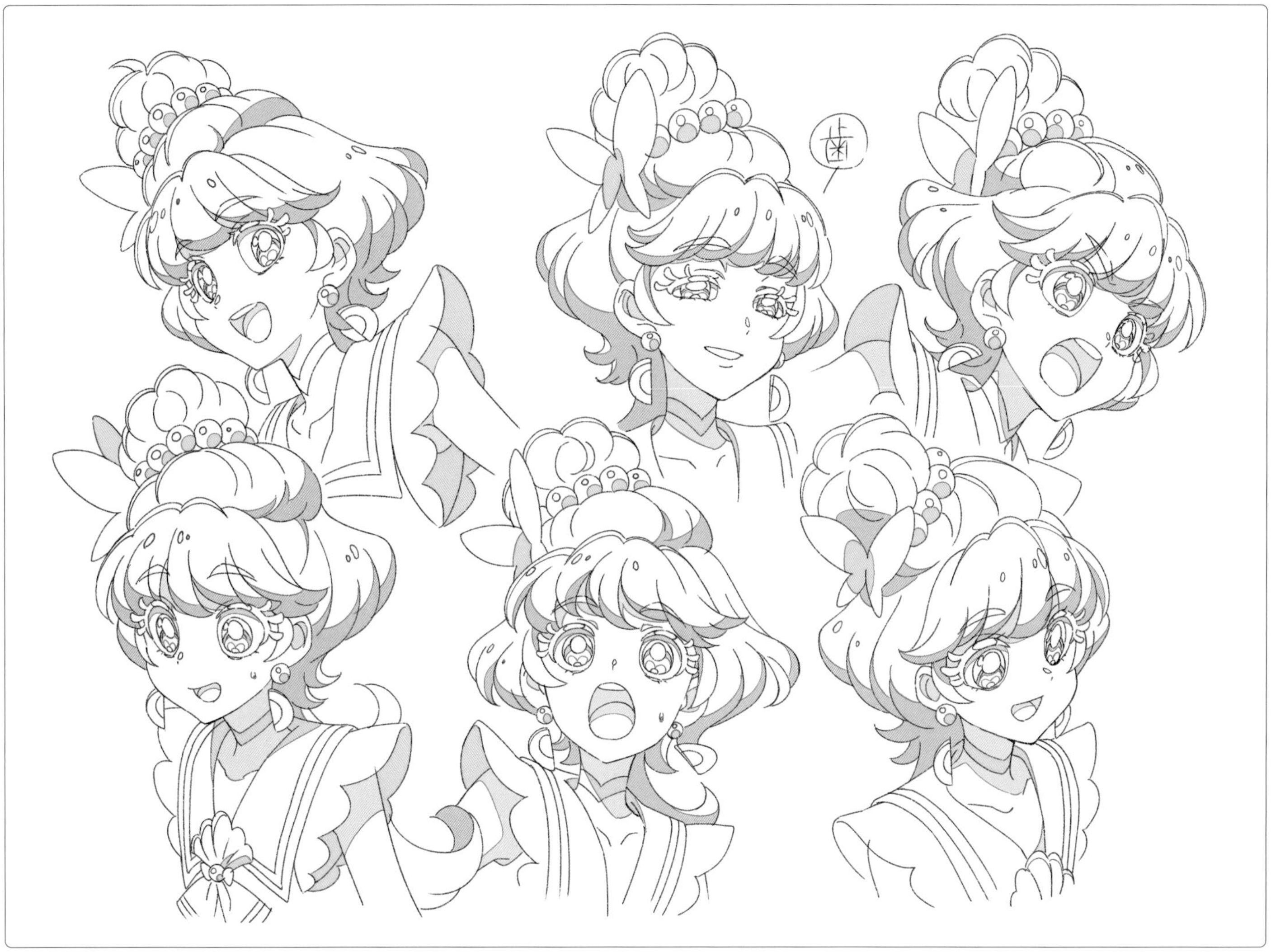

プリキュアに変身すると、普段のポーカーフェイスとは裏腹にさまざまな表情を見せるキュアパパイア。上にまとめている髪の束も、キュアパパイアの特徴。

エクセレン・トロピカルスタイル

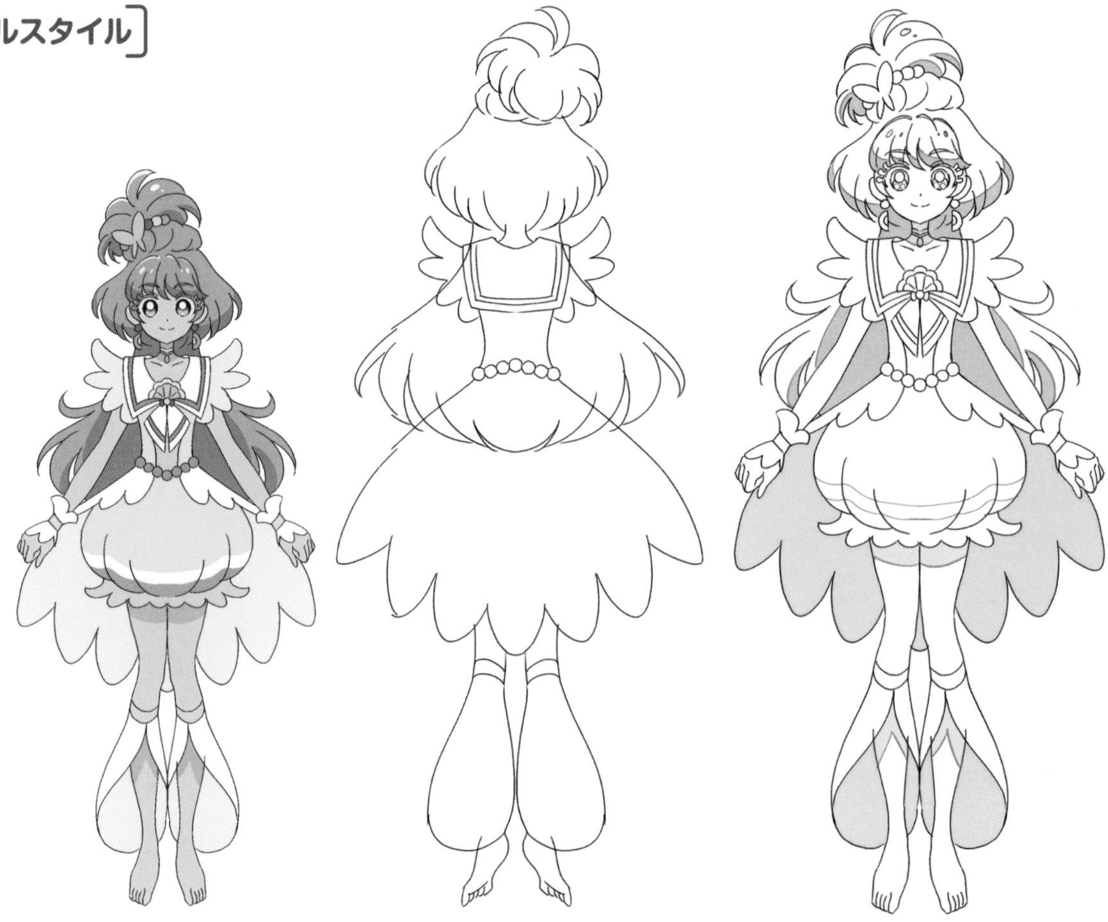

みのりの表情集（ラフ）。右上には少し微笑んだみのりの表情が描かれているが、基本的に笑顔は使わないように、演出からは指示が出されている。

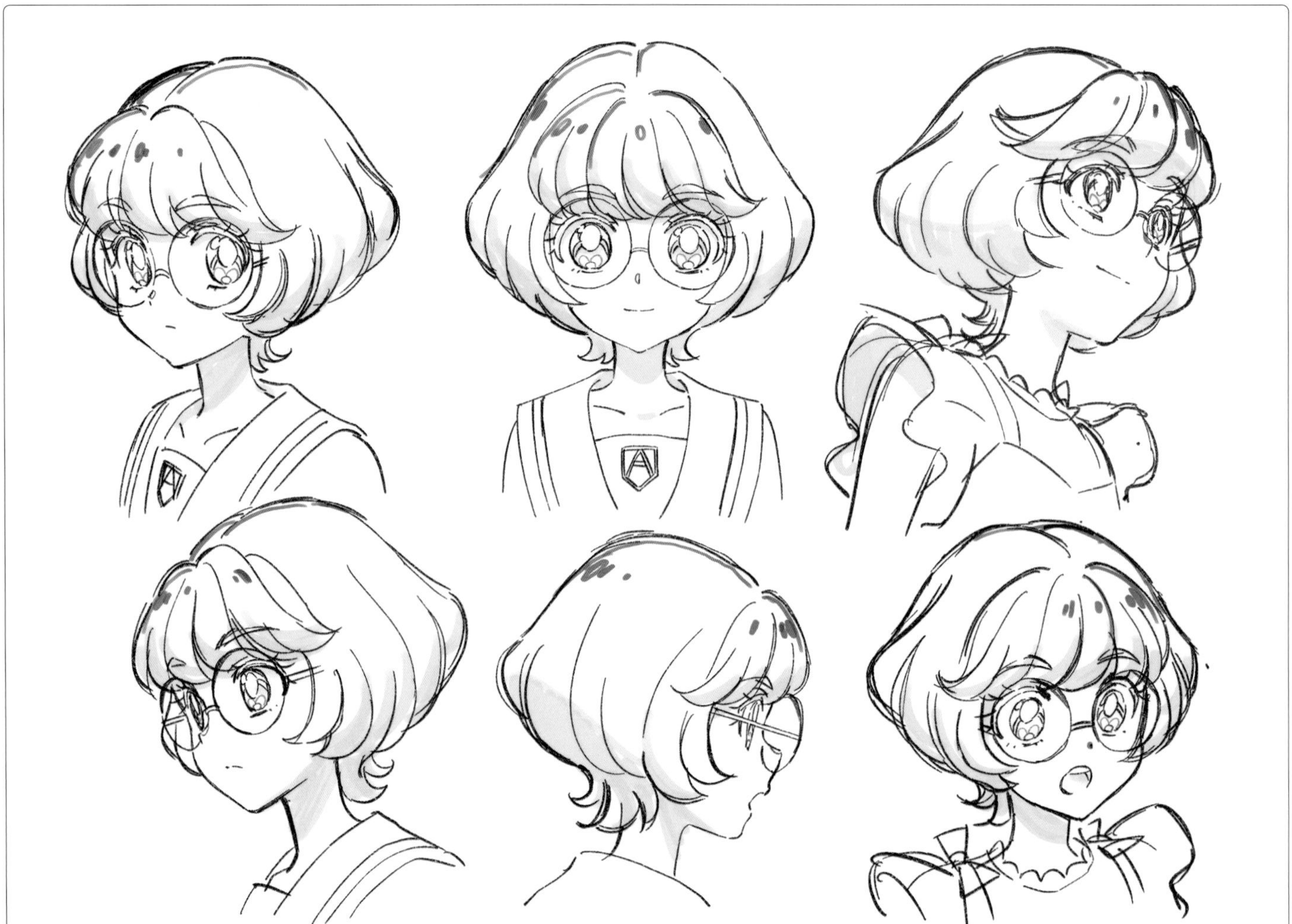

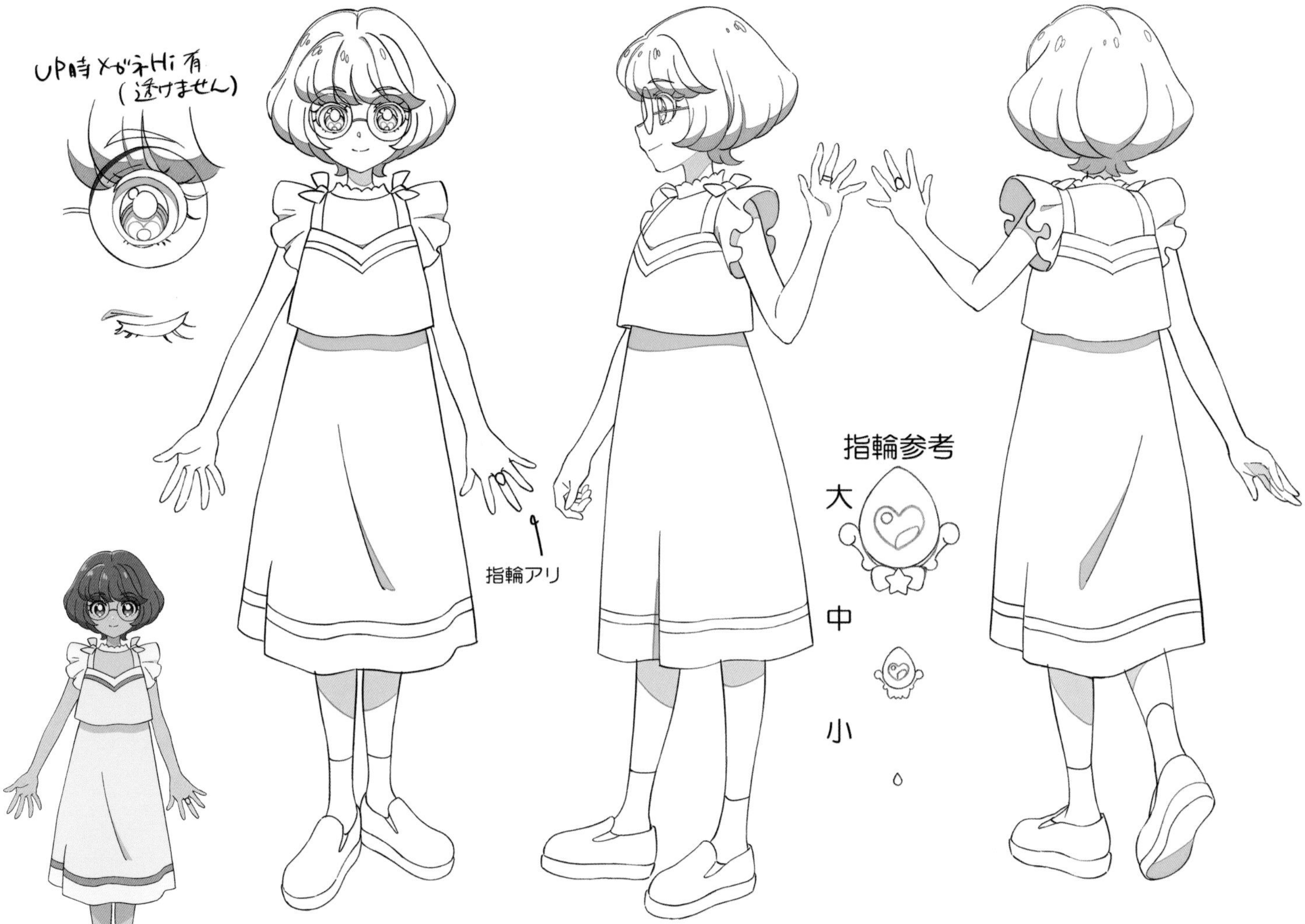

みのりの私服設定。大人しそうに見える本人のパーソナリティが服装にも反映されている。中段の2点は制服姿(左は冬服)、下はそれぞれ水着姿とパジャマ。

ASUKA TAKIZAWA / CURE FLAMINGO

滝沢あすか キュアフラミンゴ

あおぞら中学校に通う3年生。身体を動かすことが好きというだけあって、運動神経は抜群。クールな外見で、近寄りがたく思われがちだが、「トロピカる部」を作ろうとしたまなつたちに助け船を出すなど、面倒見のいい性格。また動物が出てくるゲームが好きだったり、料理が得意だったり……と意外な一面も。

NAKATANI'S COMMENTARY

当初はヘアスタイル自体、鳥の羽のようにしてほしいというオーダーだったのですが、それと髪飾りがうまくかみ合わなかったんです。なので、最終的には羽のモチーフを髪飾りに持ってきています。スポーツが得意な子という設定だったので、私服のパンツをちょっとジャージっぽくしています。

かき上げた髪と長いまつげ、切れ長の瞳が印象的なキュアフラミンゴ。本人のクールな性格を反映してか、凛々しさがより前面に出ているように感じられる。

エクセレン・トロピカルスタイル

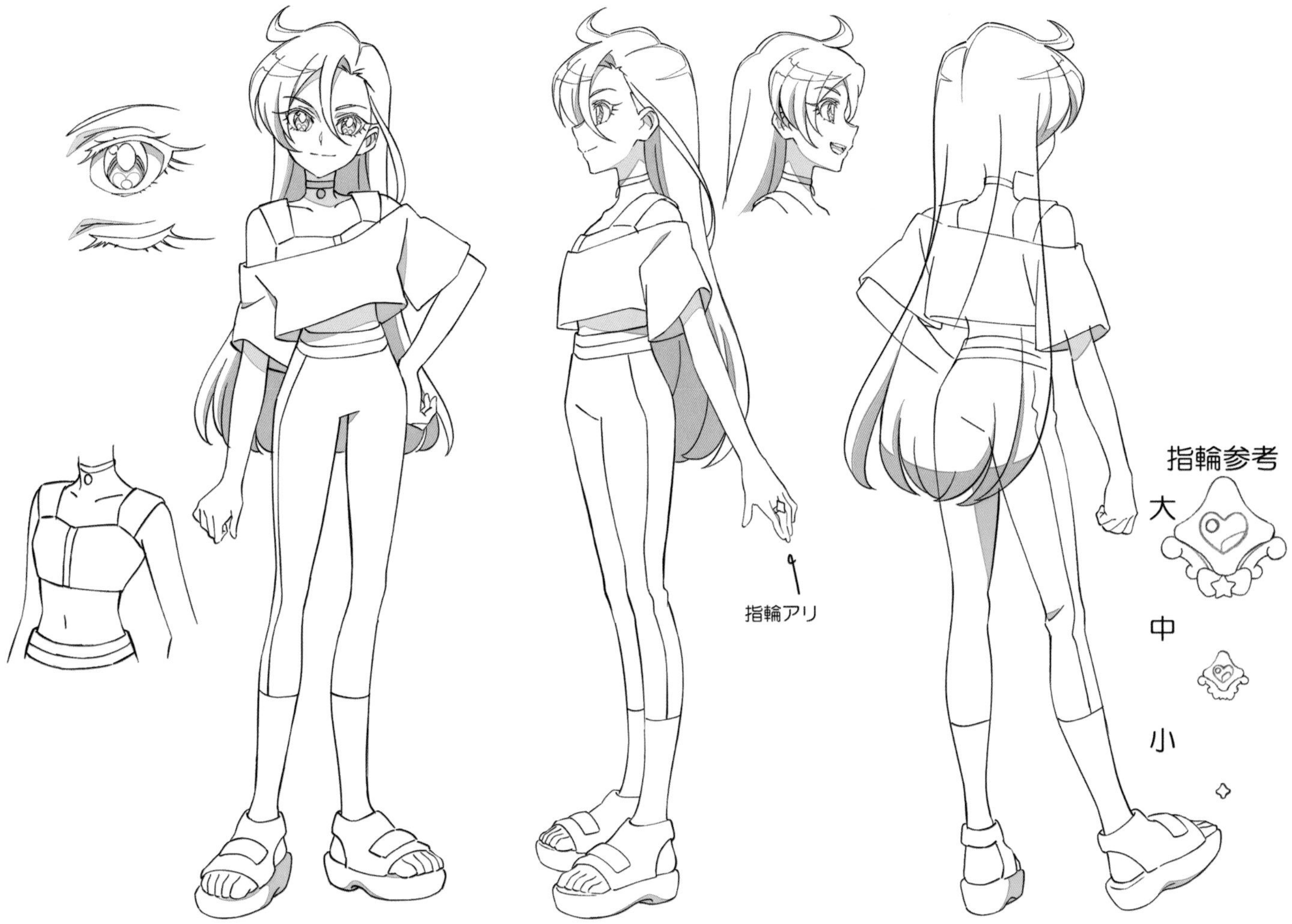

運動が得意なだけあって、活動的な私服のあすか。左の2点は制服姿(下は長袖の冬服)。右下はスポーティな水着姿。

LAURA / CURE LA MER

ローラ
キュアラメール

人魚の国・グランオーシャンの次期女王になるという夢を叶えるため、伝説の戦士・プリキュアを探して人間の世界を訪れる。生まれ育った環境のせいか、どんなときでも自信たっぷりに振る舞い、思っていることは素直に口に出してしまう性格。人間の姿になってからは、留学生としてあおぞら中学校に通うことに。

NAKATANI'S COMMENTARY

キュアラメールは、企画書の時点ではキュアサマーほどキャラクターが固まっていない印象でしたね。実を言うと、『Go！プリンセスプリキュア』に出てきたマーメイドのイメージをアレンジして使っていて(笑)。ほとんど迷うことなく、一発で今の形になったと思います。

次期女王を目指しているだけあって、いつでも自信満々な表情を見せるキュアラメール。頭につけた大きなパールやまつげの先の球状の飾りも印象的。

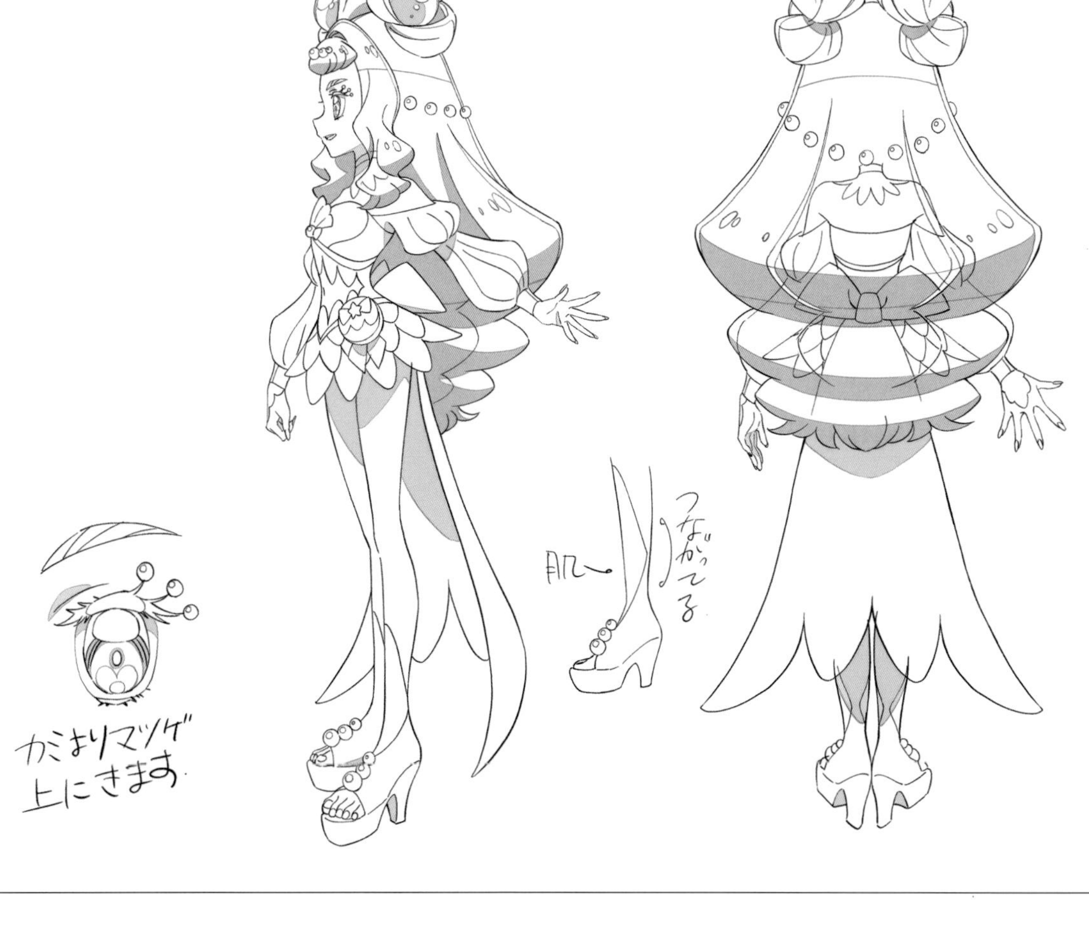

エクセレン・トロピカルスタイル

ローラの表情集（ラフ）。右下に描かれている、
キュートなデフォルメの表情にも注目。

ローラの私服設定。人魚のモチーフをどことなく感じさせるスカート、腰につけた星のアクセサリーが特徴。左は、初めて人間の姿になったばかりのローラ（ラフ設定）。

ローラの衣装設定。左はまだ人魚のローラとパジャマ姿。下はあおぞら中学校の制服を着たローラ。ルーズソックスがチャーミング。

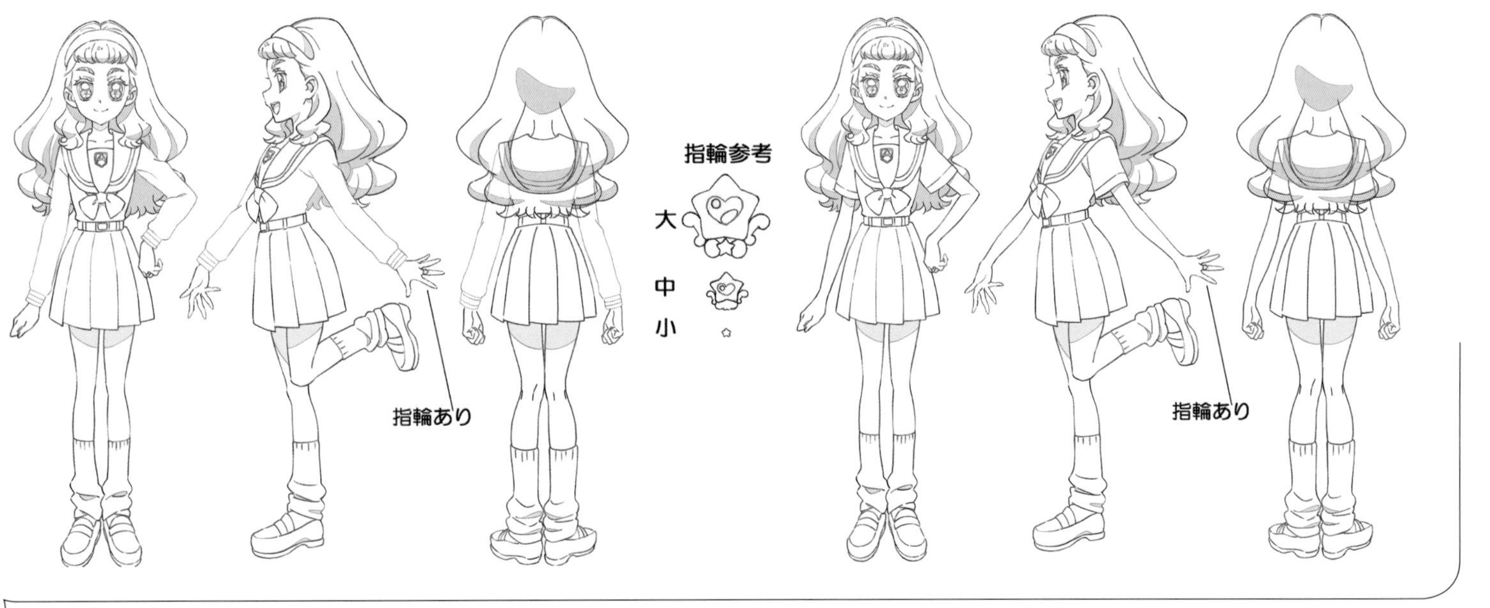

幼少期のまなつとローラ（第37話より）。幼い頃、ふたりは南乃島で出会ったことがあった。頭につけているのは、南乃島の浜辺に咲くグンバイヒルガオ。

トロピカる部 別衣装

最終話で披露した劇での舞台衣装。ファンタジー風のコスチュームを身につけて、いつもとは少し違った印象？

冬服姿のまなつたち。みのりはオーバーサイズのカーディガンを着用。まなつは、変わらず半袖で活動的なイメージ。

くるるん

人魚の女王のペットで、アザラシによく似た姿の海の妖精。女王から託されたグランオーシャンのお菓子を届けようとローラのもとへやってくる。性格はのんびり屋でいつでもマイペース。貝がらクッキーが大好物。

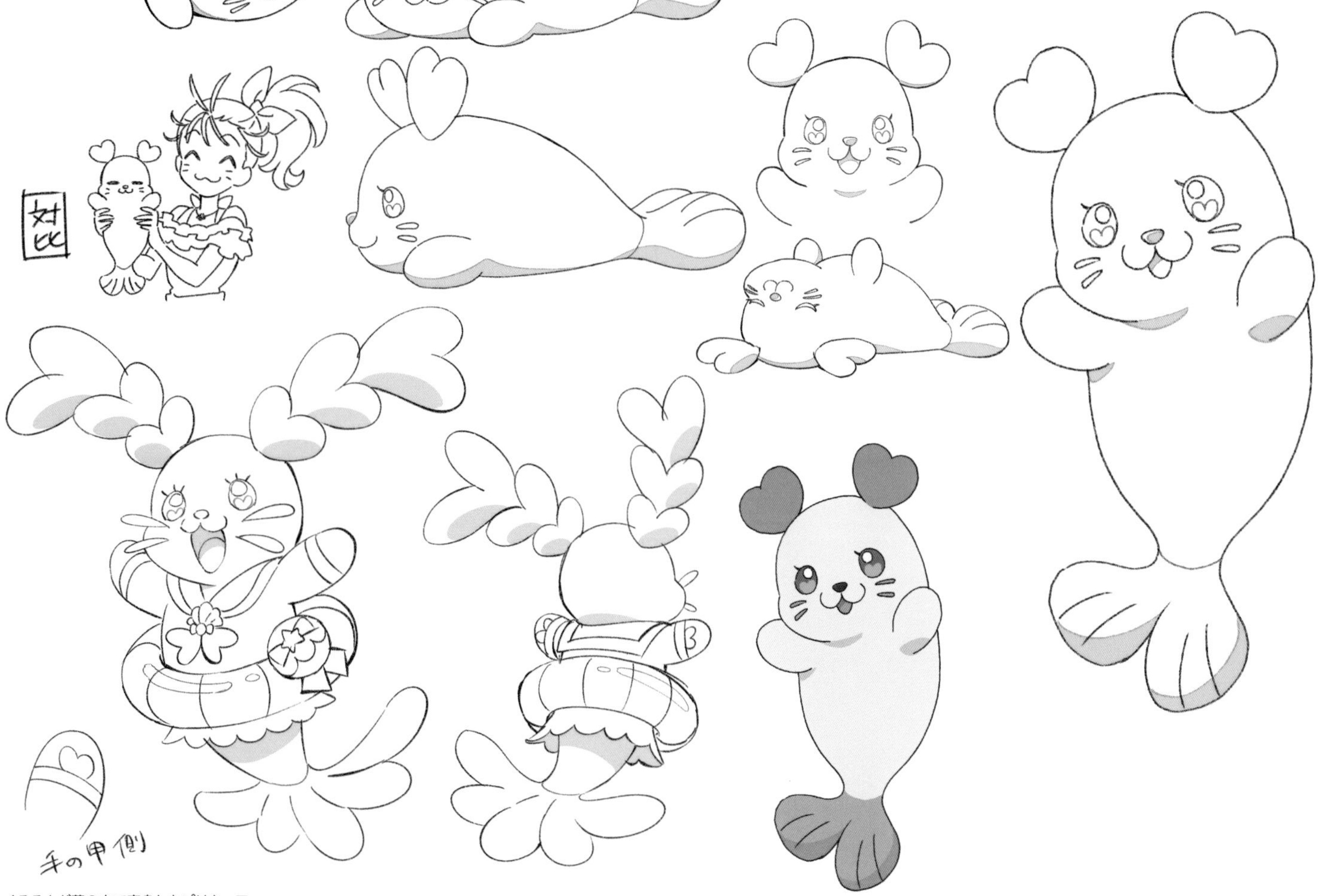

くるるんが夢の中で変身したプリキュア・くるくるるん。第33話に登場。

人魚の女王

次期女王候補であるローラにトロピカルパクトを託し、プリキュアを探すように命じた人魚の国・グランオーシャンの女王。南乃島に伝わる伝説のもとになった人物でもある。

夏海家

南乃島で海の家を経営する父・大洋と、あおぞら市にある水族館に勤務する母・碧。遠く離れて暮らすまなつの両親だが、夫婦仲はいい。それぞれ「今」を大事にして暮らす両親の姿は、まなつにも大きな影響を与えている様子。

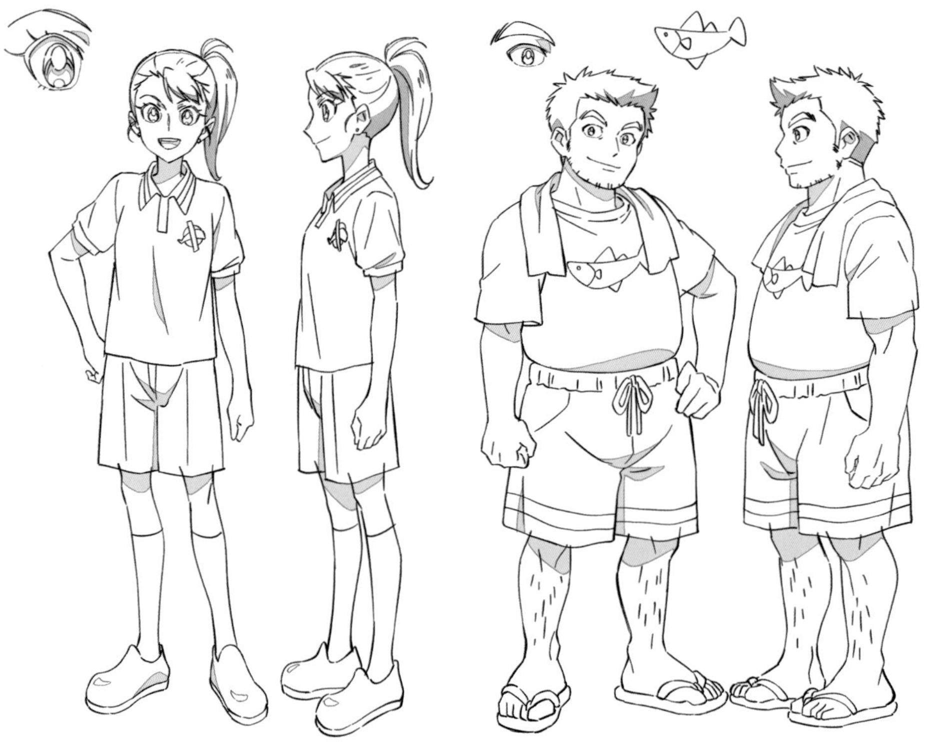

右は、まなつの母・碧の私服姿。ショートパンツにサンダルと活動的な恰好。娘と同じく、活発な性格であることを窺わせる。

涼村家

あおぞら市でコスメショップ「Pretty Holic」を経営している、さんごの母・みゆき。店の経営に加えて、ときどき芸能関係のヘアメイクの仕事も請け負っている様子。さんごがコスメに詳しいのは、母親の仕事の影響が大きいようだ。

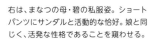

滝沢家

あおぞら中学校のOBでもある、あすかの父・晴瑠也。30年前野球部が初めて全国大会に出場したとき、晴れを呼び寄せたという伝説の持ち主で、異名は「炎の晴れ男」。生徒たちが流星群を見られるように、自分と同じOBたちを集めて晴天祈願を行う。

一之瀬家

娘のみのりと同じく、眼鏡をかけ、髪をベリーショートにしている母・なるみ。髪の色は娘とよく似た色をしており、みのりが癖っ毛なのはどうやら母親譲りの様子。

キュアオアシスの正体であるアウネーテ。意思の強さを感じさせるくっきりした顔立ちと、薄緑色のドレスが印象的。

キュアオアシス

魔女から人魚と人間たちを救ったとされる伝説の戦士。まなつの夢の中にも姿を見せ、シリーズ中盤では彼女たちにランドハートクルリングを託す。その正体は、はるか昔に海辺の街に住んでいた少女・アウネーテ。

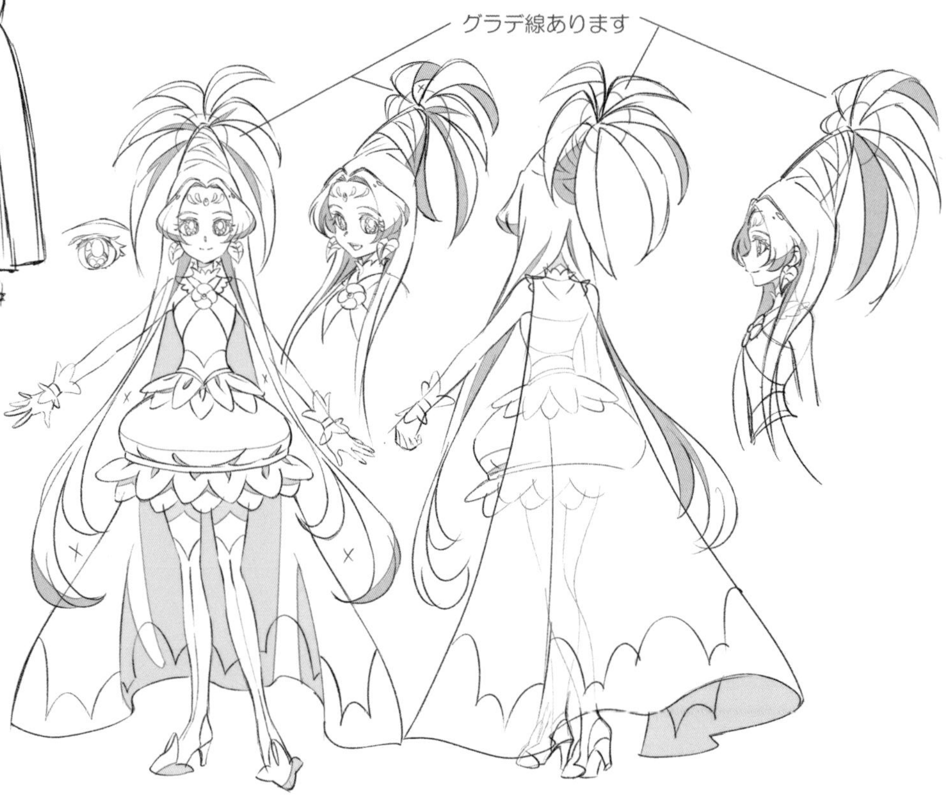

チョンギーレ

あとまわしの魔女に仕えている召使いのひとりで、首に巻いている赤いコックタイからもわかる通り、役職は料理人。粗暴な口ぶりで、普段からまったくやる気を見せないが、料理の腕前はなかなかのもの。

ヌメリー

ナマコのような姿をしたドクター（医者）。いつも気だるげな様子で、のんびりした性格。その一方、医師としての腕前は優秀で、あとまわしの魔女に仕えている他の召使いたちのケガの治療も担当している。

エルダ

あとまわしの魔女に仕えるメイド。まだ子供らしく、周囲から大人扱いされることを嫌う無邪気な性格。ただし時折、どきっとする毒舌を放つことも。その愛らしい言動は、他の召使いたちからも可愛がられている様子。

バトラー

タツノオトシゴのような姿をした、あとまわしの魔女に仕える執事。いつでも黒いジャケットをしっかり着込み、どんな事態にも顔色ひとつ変えることがない、実直な仕事ぶり。他の召使いたちに指示を与える役割も担っている。

あとまわしの魔女

海底に住む邪悪な魔女で、何よりその巨大な身体が特徴。人魚の国・グランオーシャンを襲撃し、住人たちからやる気パワーを奪った後に次は人間の世界を標的に定める。名前の通り普段から気だるそうな姿を見せ、無気力な言動を繰り返す。

ヤラネーダ

やる気パワーを回収するべく、あとまわしの魔女の召使いたちが使役するモンスターたち。シリーズ中盤からは、パワーアップしたゼンゼンヤラネーダやゼッタイヤラネーダ、超ゼッタイヤラネーダ（下）たちが登場。

その他の登場人物

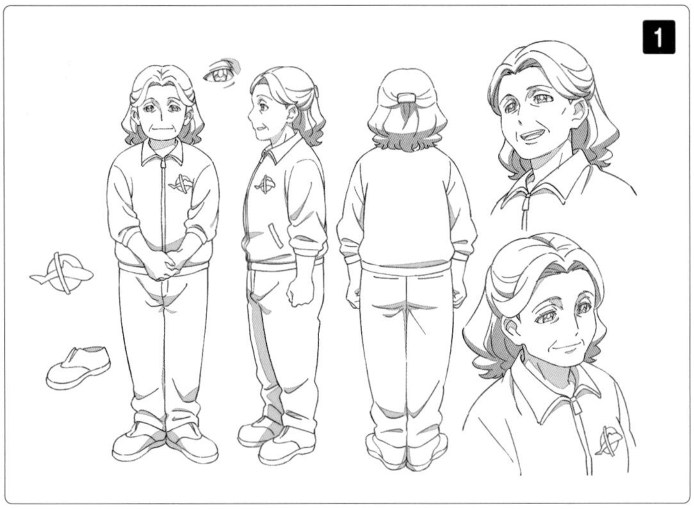

■1まなつの母・碧が勤務しているあおぞら水族館の館長・平林まふね。■2まなつとさんご、ローラのクラスの担任である桜川咲。トロピカる部の顧問も兼任している。■3桜川先生の冬服姿。■4あおぞら中学校の生徒会長・白鳥百合子。もともとはテニス部の部長で、あすかとはダブルスでペアを組んでいた。

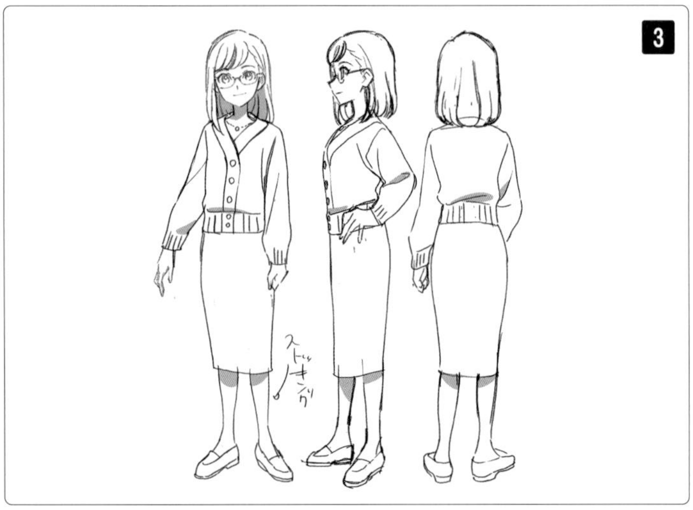

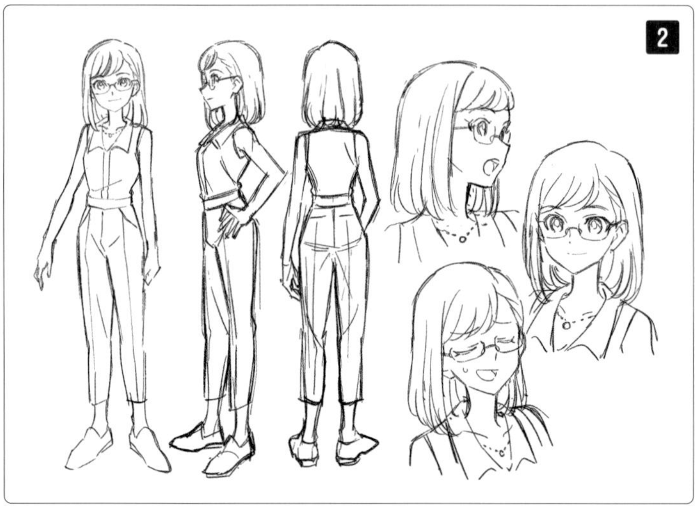

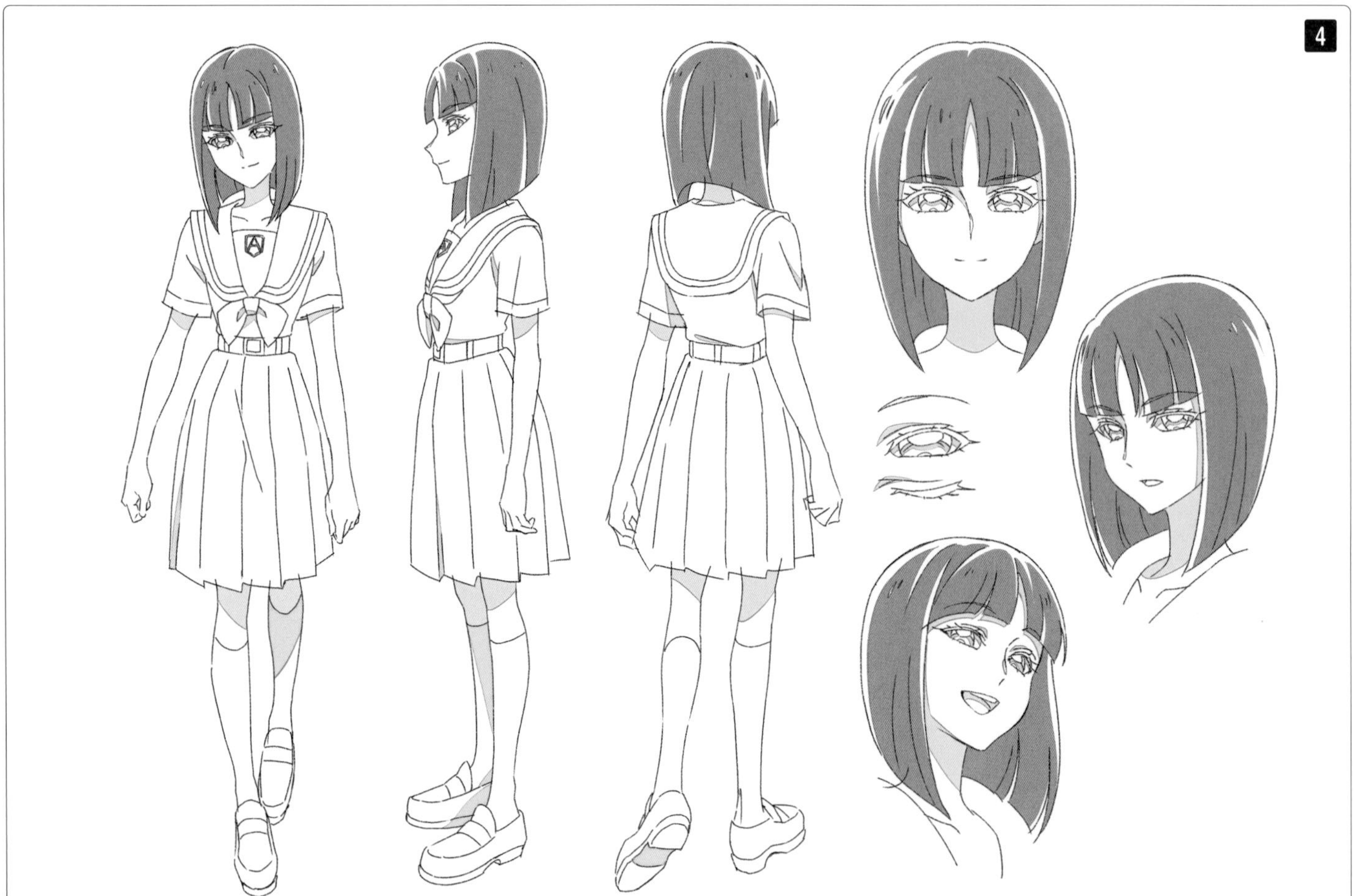

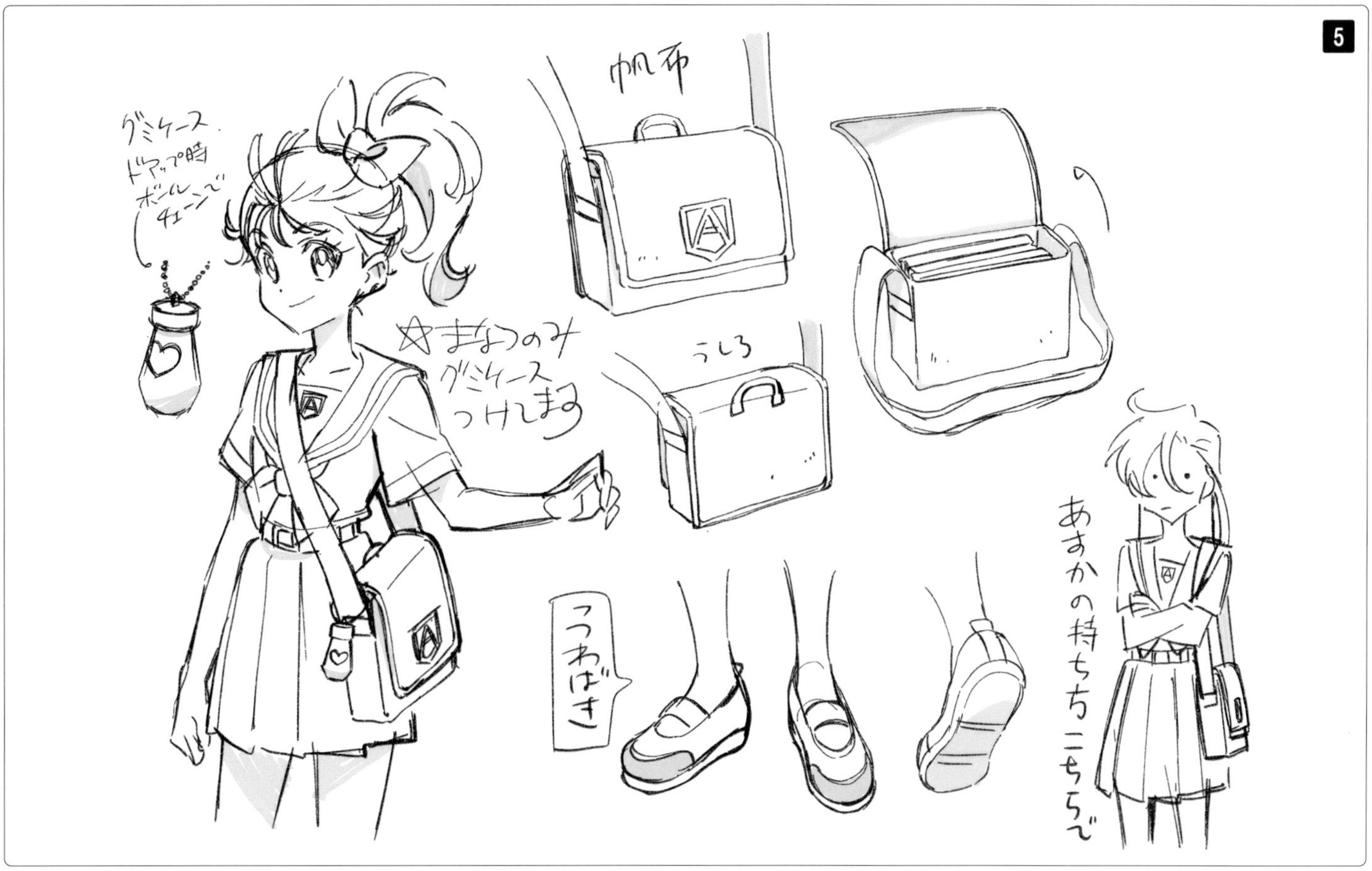

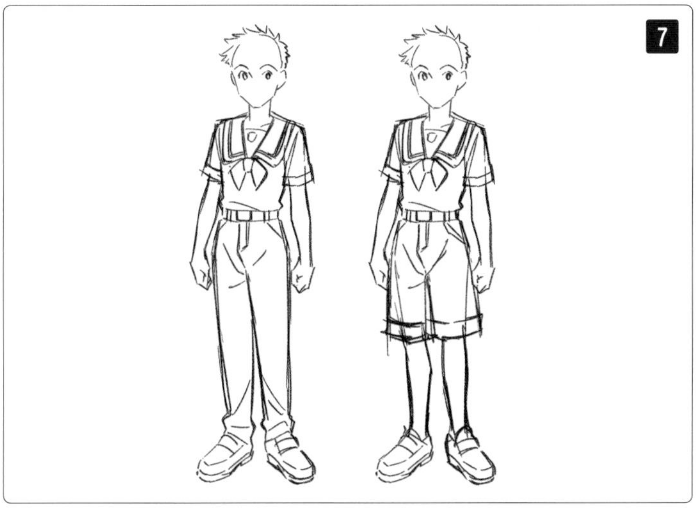

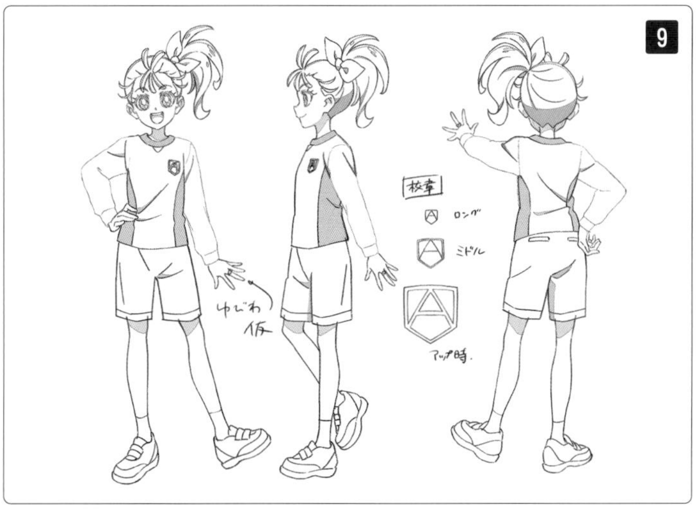

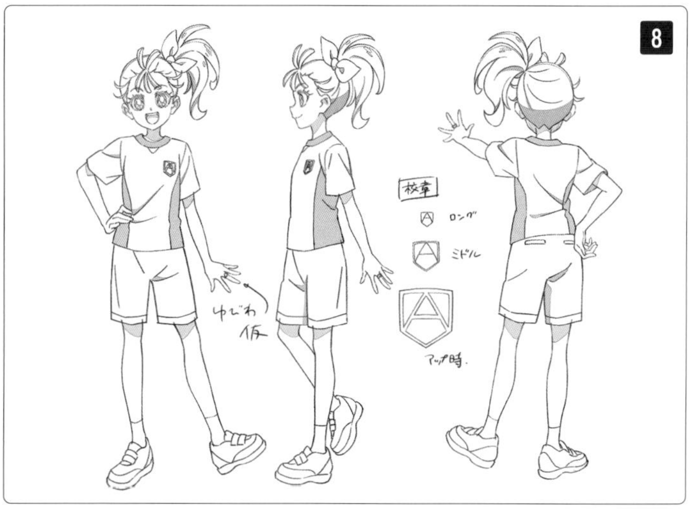

5あおぞら中学校の学生カバンと上履き。あすかだけカバンの掛け方が違うあたりも、キャラクターの性格を反映した演出。6まなつのクラスメイトたち。左から順に白石きりこ、小町なおみ、桑野ゆみ。7男子生徒の制服。89体操服。左は冬に着用する長袖の体操服。

トロピカル～ジュ！プリキュア ラフスケッチ

ここには『トロピカル～ジュ！プリキュア』制作時に、中谷によって描かれた貴重なラフスケッチをまとめて掲載した。オーディションのために描かれたキュアサマー＆キュアラメールの最初期稿など、どのようにキャラクターが固められていったのか、その足跡を追うことができる。

セーラー服をモチーフにしたキュアサマー。オーディションの段階では、ポニーテールとツインテールの2パターンが検討されていたことがわかる。

キュアサマー／夏海まなつ オーディション稿

第2稿、第3稿

オーディション稿をベースに進められたバージョン。レインボーカラーの配色もこの時点ですでに固まっている。

夏海まなつ　ラフ稿

私服の検討案。腰にポシェットをつけるため、シャツをズボンに入れる形へと変更されている。

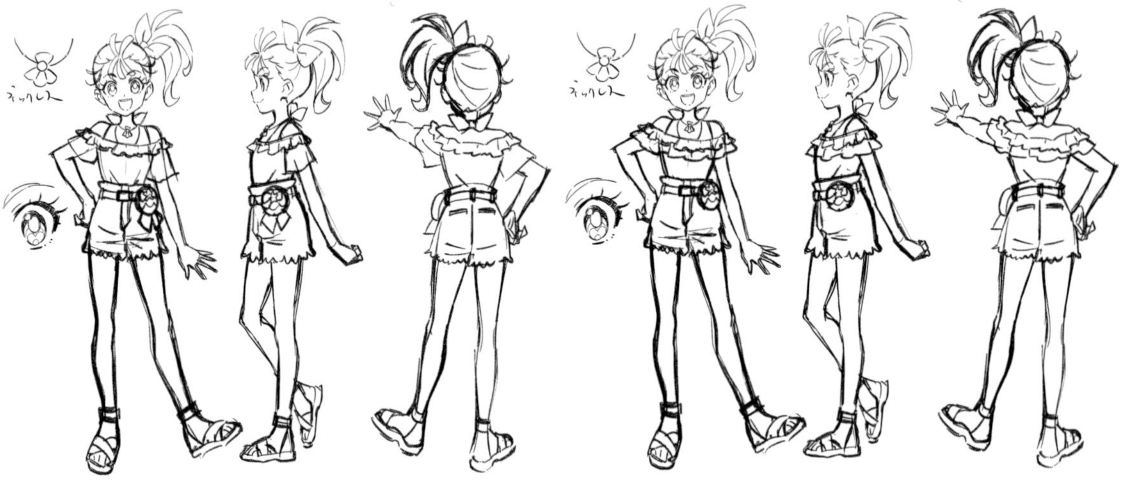

郵 便 は が き

切手を
はって
ください

160-0022

東京都新宿区新宿3-1-13
京王新宿追分ビル5F
株式会社一迅社　ポストメディア編集部

中谷友紀子 東映アニメーションプリキュアワークス2

愛読者アンケート行

〒
ご住所

ふりがな	男性　女性	
お名前	年齢　歳	
ご職業	電話番号	
購入店名		

★★ 締切：2022年12月末日（当日消印有効） ★★

ご応募いただいた方の中から抽選で1名様に、
本書P.26下段に掲載したイラストが印刷された「直筆サイン入り記念色紙」をプレゼントいたします・

※発表は賞品の発送をもってかえさせていただきます。

※ご応募いただいたハガキは、この懸賞の抽選、
ならびに編集企画の参考にのみ使用させていただきます。

中谷友紀子　東映アニメーションプリキュアワークス2　読者アンケート

1：本書をどこで知りましたか？

□書店店頭で　□Twitter　□情報サイト

□その他（　　　　　　　　　　　　　　　　　　　）

2：以下の書籍は持っていますか？（お持ちのものに印を付けてください）

□ 馬越嘉彦 東映アニメーションワークス

□ 川村敏江 東映アニメーションプリキュアワークス

□ 高橋 晃 東映アニメーションプリキュアワークス

□ 稲上 晃 東映アニメーションワークス

□ 香川 久 東映アニメーションワークス

□ 佐藤雅将 東映アニメーションワークス

□ 中谷友紀子 東映アニメーションプリキュアワークス

□ 宮本絵美子 東映アニメーションプリキュアワークス

□ 井野真理恵 東映アニメーションプリキュアワークス

□ 改訂版 川村敏江 東映アニメーションプリキュアワークス

3：本書の良かったところと悪かったところを教えてください。

良かったところ

悪かったところ

4：本書に関するご意見、ご感想をお書きください。

キュアラメール／ローラ オーディション稿

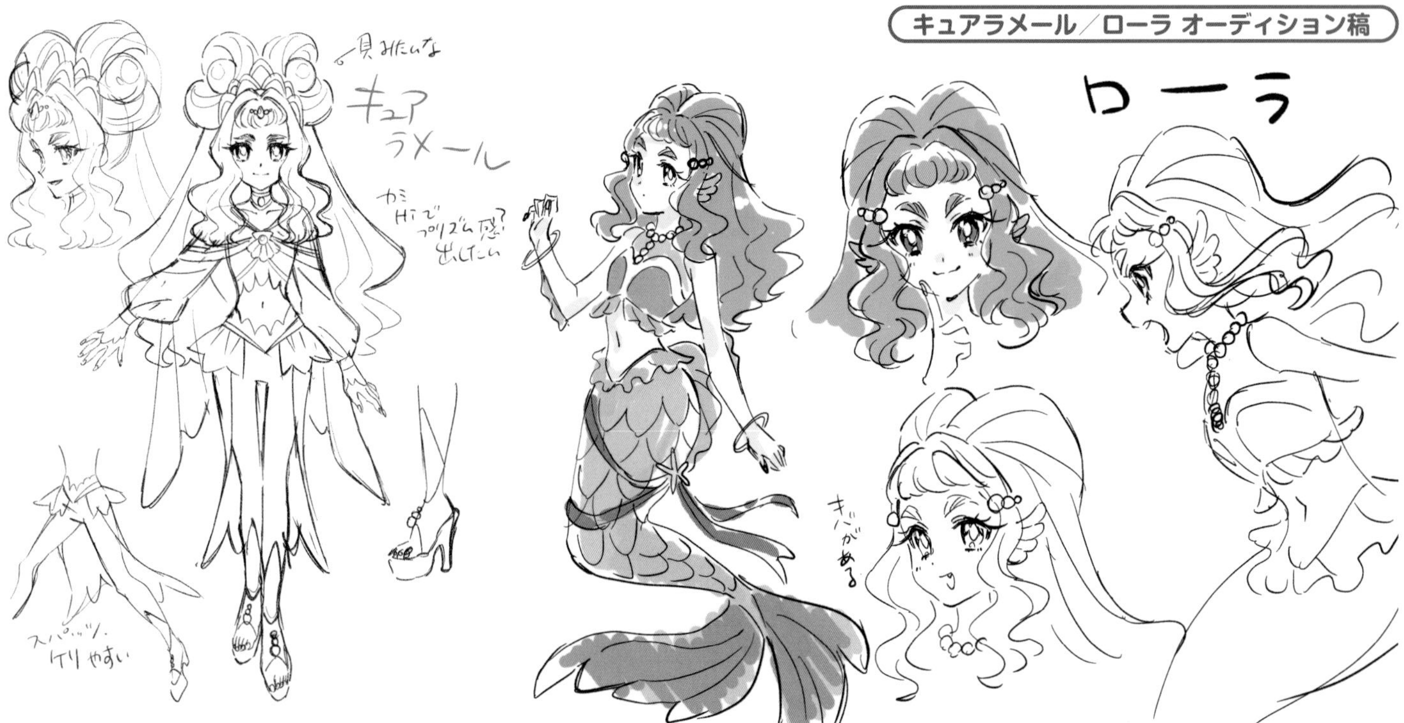

人魚の国の次期女王候補であるローラ。脚を強調するために、スパッツを着用。
頭につけている2つの大きな真珠も、この時点ですでに存在。

第2稿、第3稿

大まかなシルエットは変わっていないものの、スカートの
形状について、試行錯誤が重ねられたようだ。

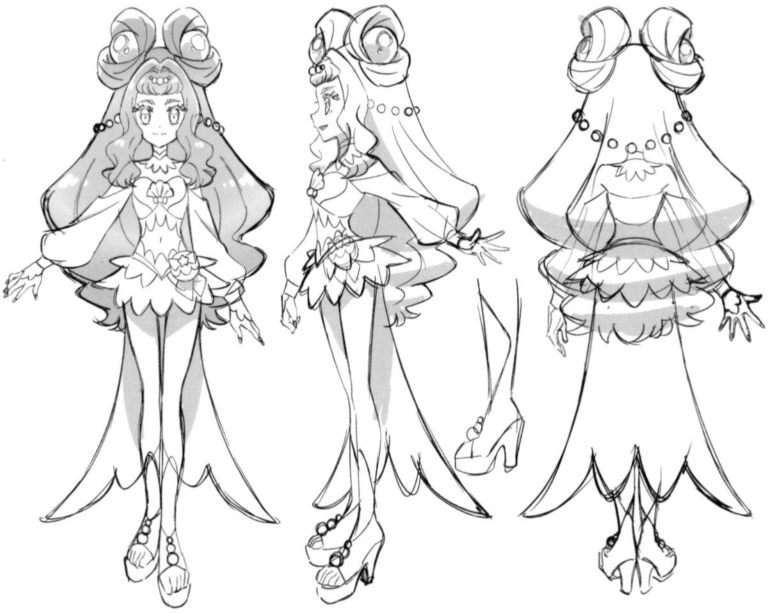

ローラ ラフ稿

オーディション稿から主なモチーフは引き継ぎながら、特に瞳のディテールについて、検討が加えられている。

キュアコーラル／涼村さんご ラフ稿

キュアサマーとキュアラメールのデザイン作業と並行して、他のプリキュアのデザインにも着手。キュアコーラルは、ふっくらしたスカートのラインが特徴的。

キュアパパイア／一之瀬みのり ラフ稿

プリキュアのデザイン作業の中でも、特に難航したというキュアパパイア。頭につけた飾りは、最終的に葉っぱから蝶へと変更されている。

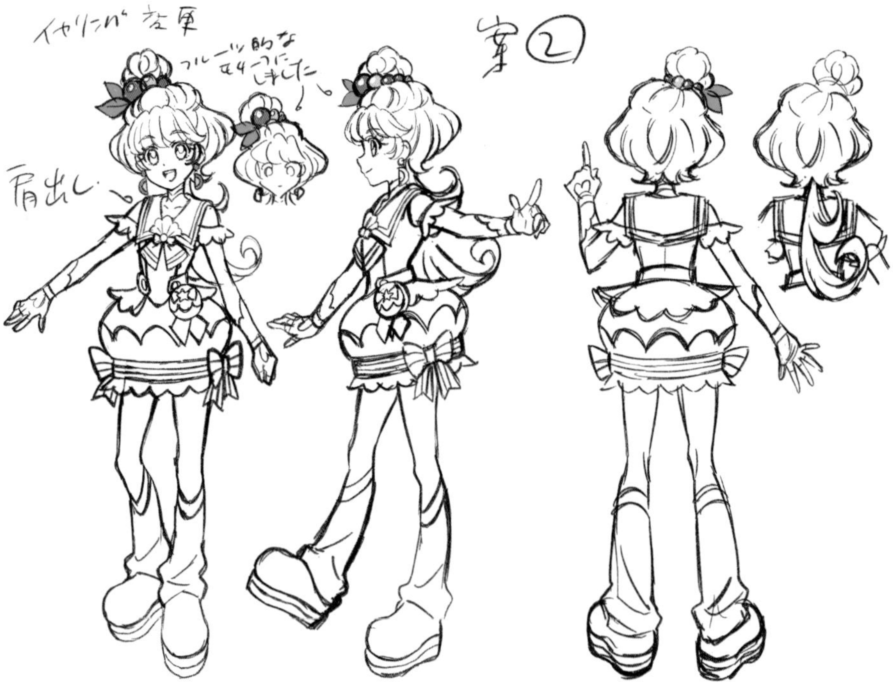

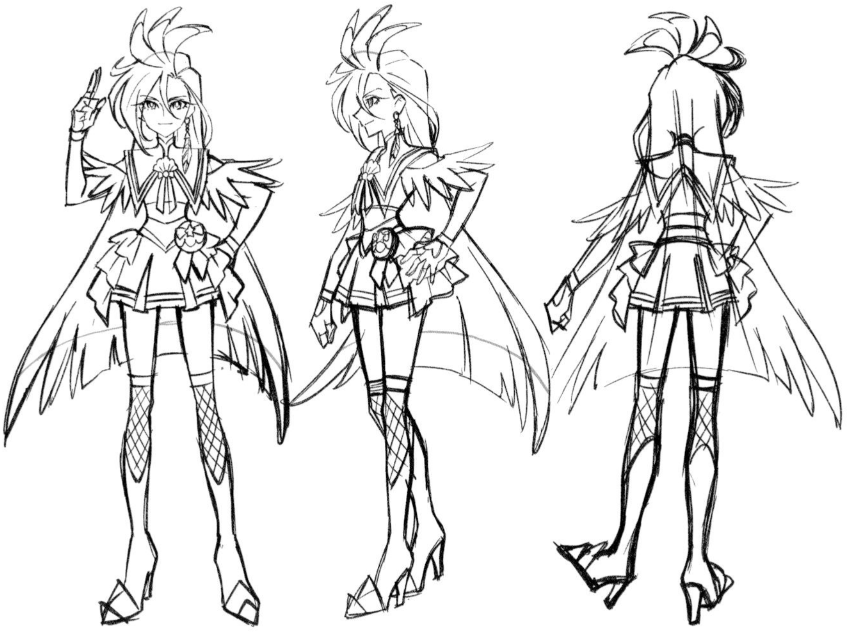

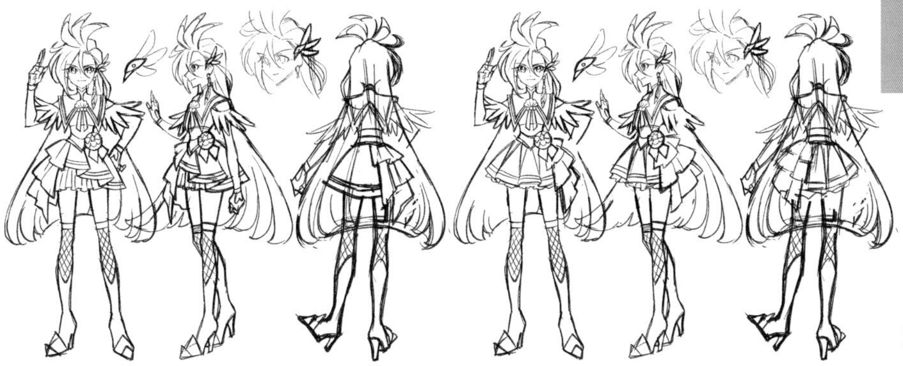

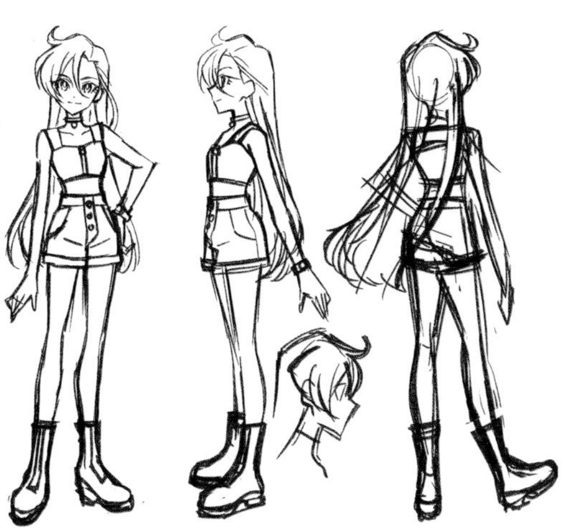

キュアフラミンゴ／滝沢あすか ラフ稿

凛々しさが前面に出たキュアフラミンゴのラフスケッチ。当初、ロングヘアーの先端はソリッドな形状をしていたが、稿が進むと丸みを帯びたフォルムに。

くるるんの最初期稿（左）と制服を着たまなつたちのラフスケッチ。海の妖精であるくるるんが、6本の手が生えたアザラシ風だったことにも驚かされる。

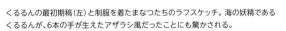

コミカルな作品はやっていて楽しい。ありがたいめぐり合わせだなと思います。

●『トロピカル～ジュ！プリキュア（以下、トロプリ）』は、中谷さんにとって2本目の「プリキュア」になりました。初めに、参加の経緯からお伺いできますか？

今回も、オーディションに声をかけていただいたのが最初です。企画書を見せてもらったのですが、そこに「テーマはトロピカル」と書かれていたんですよね。「海でトロピカルで、人魚でW主人公」と。なので、最初は「すごく題材を絞ってきたな」という印象がありました。「これで1年間、どうやって作るんだろう？」って（笑）。しかも蓋を開けたら、学園ドラマになっていて。当初はここまで学校生活が、ドラマの主軸になるとは思っていなかったですね。

●まだシリーズの全体像がわからない状態からのスタートだったんですね。

あと、その企画書には、キャラクターの性格やカラーリングがかなり細かく書かれていましたね。キュアサマーが白とマルチカラーの組み合わせで、というのもすでに決まっていました。

●まずは、キュアサマーとキュアラメールのデザインに着手したと思いますが、どこからアプローチしたのでしょうか？

今回、モチーフのひとつに「メイク」があったんですが、実はアニメのキャラクターにメイクをさせるのって、すごく難しいんです。リップクリームや口紅であればわかりやすいんですが、アイシャドウとかチークをつけていくと、どんどん派手な印象になっていく。それをデザインで表現するのは、すごく難しくて。

●アニメで表現することの難しさがあるんですね。

なので、メイクの要素はひとまず横に置いておいて、キャラクターのシルエットから考え始めました。最初はやっぱり、キュアサマーのモチーフにセーラー服を持ってきたことですね。白地のセーラー服に、アクセントカラーでボーダーを入れて、あとはちょっと露出も多めに、涼し気なイメージになるといいのかな、と。キュアラメールに関しては、まったく悩まずにパッと今のイメージが出てきたんですよ。たぶん、最初に提出したときと最終形がほとんど変わらないと思います。

●プリキュア以外のキャラクターで、気に入っているものはありますか？

気に入っているのはやはり、人魚の女王とキュアオアシスですね。女王に関しては、とにかく対比を大きくすることを念頭に置いてデザインしています。色味もかなりきれいにまとまって、ゴージャスで可愛い感じが出せたんじゃないかなと思います。キュアオアシスに関しては最初、「キュアレジェンド」という仮称だったんです。どういうキャラクターなのか、まったくわからない状態で「伝説のプリキュアを作ってください」というオーダーが来て（笑）。なので、まったく取っ掛かりがなかったのですが、そのあと名前がキュアオアシスに決まって。そこからピンとイメージが閃いたんですよね。

●そこからヤシの木のモチーフが出てきた。

キュアオアシスが出てくる回（第29話「甦る伝説！プリキュアおめかしアップ！」）は、田中裕太さんがコンテ・演出をやられていたんですけど、個人的に田中さんに相談に乗ってもらって。初めは頭に大きなリボンをつけているだけ、みたいな、もう少し大人しいシルエットだったんですけど、田中さんから「もう少し面白いシルエットが欲しい」というようなことを言われて、そこからヤシの木が出てきた感じですね。あとはマントが結構、レジェンド感を出してくれて、うまくハマった印象がありました。

●今回の『トロプリ』は、全体的にコメディ寄りの作風になっていますが、デフォルメの表情などは設定として用意したのでしょうか？

実はキャラクターのギャグ顔みたいなものは、用意していないんです。第1話のコンテをシリーズディレクターの土田（豊）さんがやられているんですけど、そこでかなりギャグ顔が描かれていたんですよね。しかも作画監督が上野ケンさんで、かなり自由に、コミカルなお芝居を作ってくれていたんです。なので、その第1話の基準に合わせて、他の作画監督さんも作業されているのかなと思います。自分でも、総作画監督として修正を入れたりしているんですが、みなさん自由にやっていただいていますね。

●シリーズを作り終えてみて、どんなところに手応えを感じていますか？

土田さんがイメージしていた作風には、貢献できたのかなと思っています。土田さんのお気楽というか、おちゃらけたノリは結構、自分に合っていたのかなと（笑）。土田さんがどう思っているかはわからないんですけど、やっぱりコミカルな作品は、やってて楽しくて。そういう意味では、ありがたいめぐり合わせだったと思います。

●「プリキュア」シリーズで2本、キャラクターデザインを手がけたことになったわけですが、中谷さんのキャリアの中で「プリキュア」はどんな作品になっていますか？

自分が描いたキャラクターを街中で見かけるというのは、普通にアニメーターをやっていてもなかなかできない体験だな、と思います。しかも今、子どもが保育園に通っているのですが、そこでクラスの子がプリキュアごっこをやっていたり、あるいはグッズをいっぱい身につけたりしていて。それを間近で見ることができたというのは、かなり特殊な体験だなと思いました。

●ちなみに、お子さんも『トロプリ』をご覧になっていたんでしょうか？

毎週、観ていましたね。私がデザインをやっていることはまったく知らないんですけど（笑）、変身シーンの真似をしたりとか。そういうのを見ていると「プリキュア」はやっぱり、子どものものなんだなという実感がありますね。いい経験をさせてもらいました。

ACT 03

TROPICAL ROUGE! PRECURE KEY ANIMATION

第3章　トロピカル～ジュ！プリキュア　原画集

キャラクターデザインの作業と並行して、中谷は総作画監督として、各キャラクターの変身バンクやオープニングなども担当。またローラが初めてプリキュアに変身する第17話、異色の構成が話題を呼んだ第33話、そして最終回（第46話）の作画監督も担当した。シリアスな表情芝居からデフォルメのきいたギャグシーンまで、幅広い作画を楽しむことができる。

キュアサマー 変身バンク

トロピカルージュ！プリキュア 総作画監督修正

cut3 レイアウト修正

トロピカルパクトを開けたあと、ブラシを取り出して「レッツ、メイク！」。いつでも快活なまなつのキャラクターを反映して、元気いっぱいにジャンプしている姿が印象的。

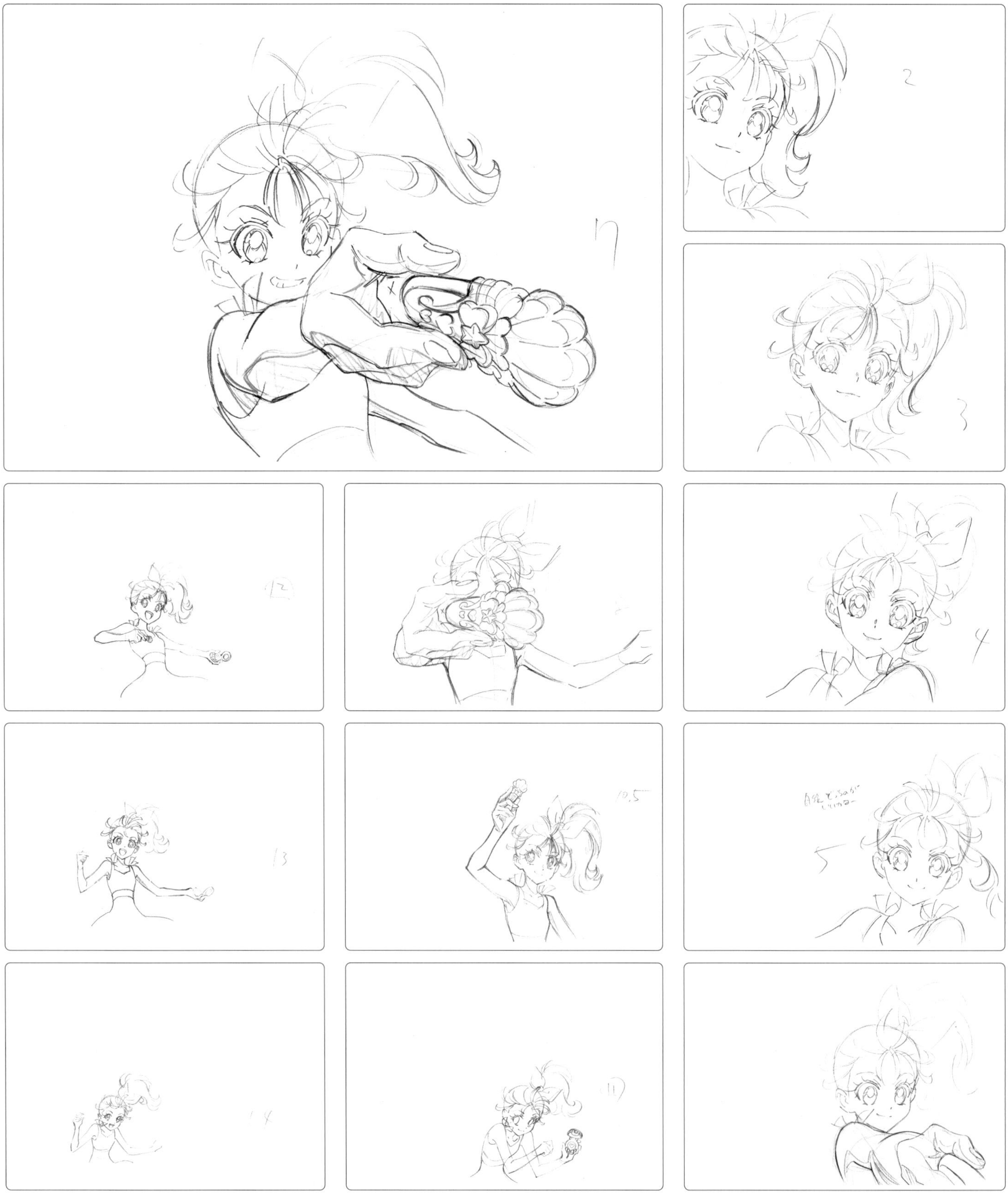

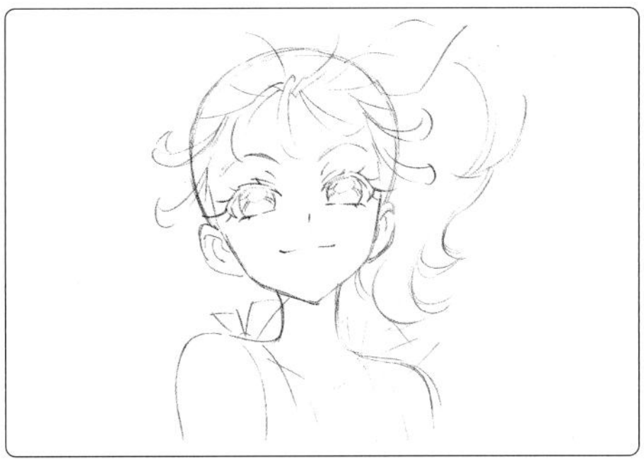

cut5
レイアウト修正

まず最初は、ブラシを左右の頬に当てて、チークをメイクアップ。

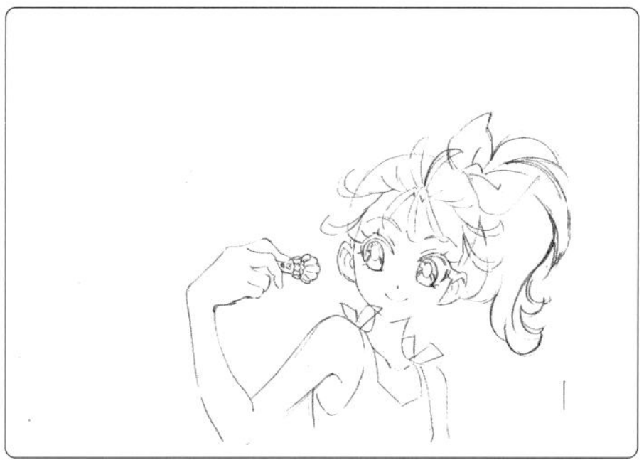

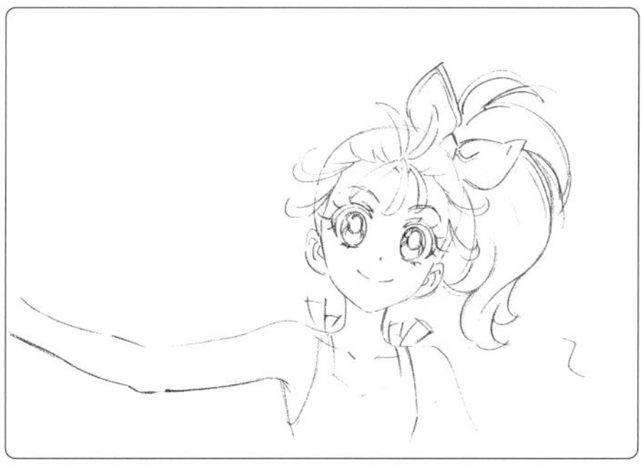

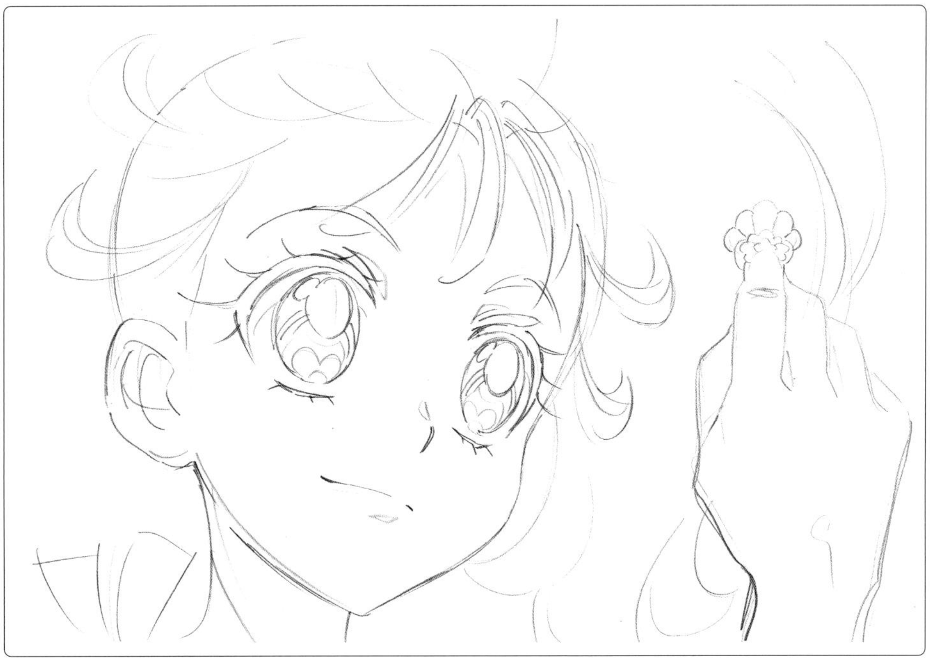

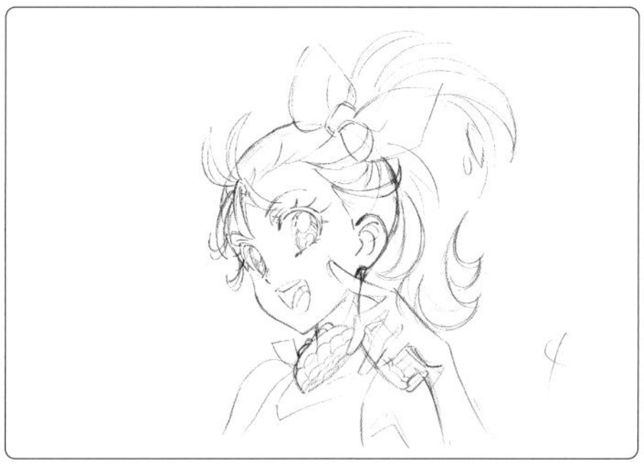

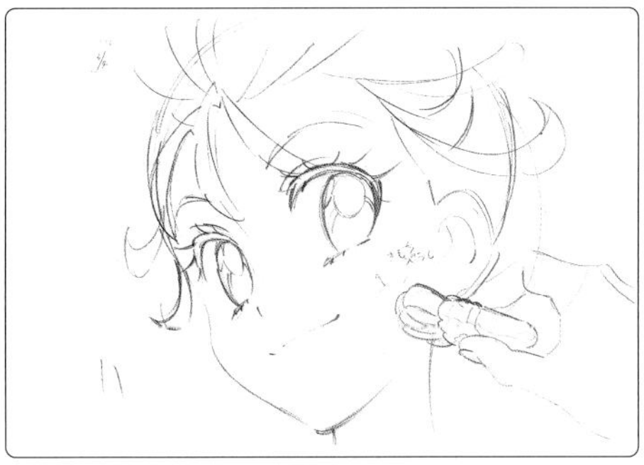

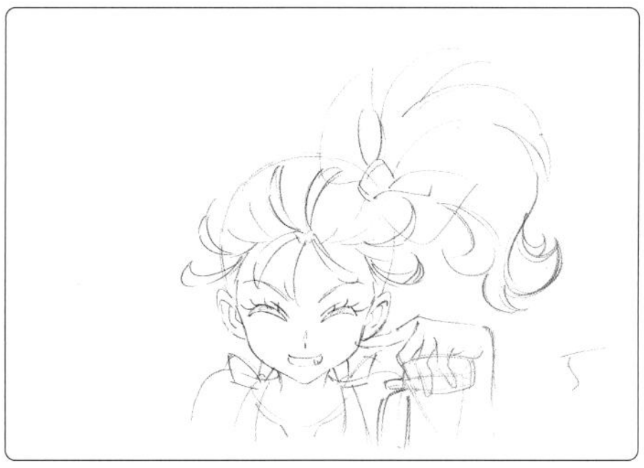

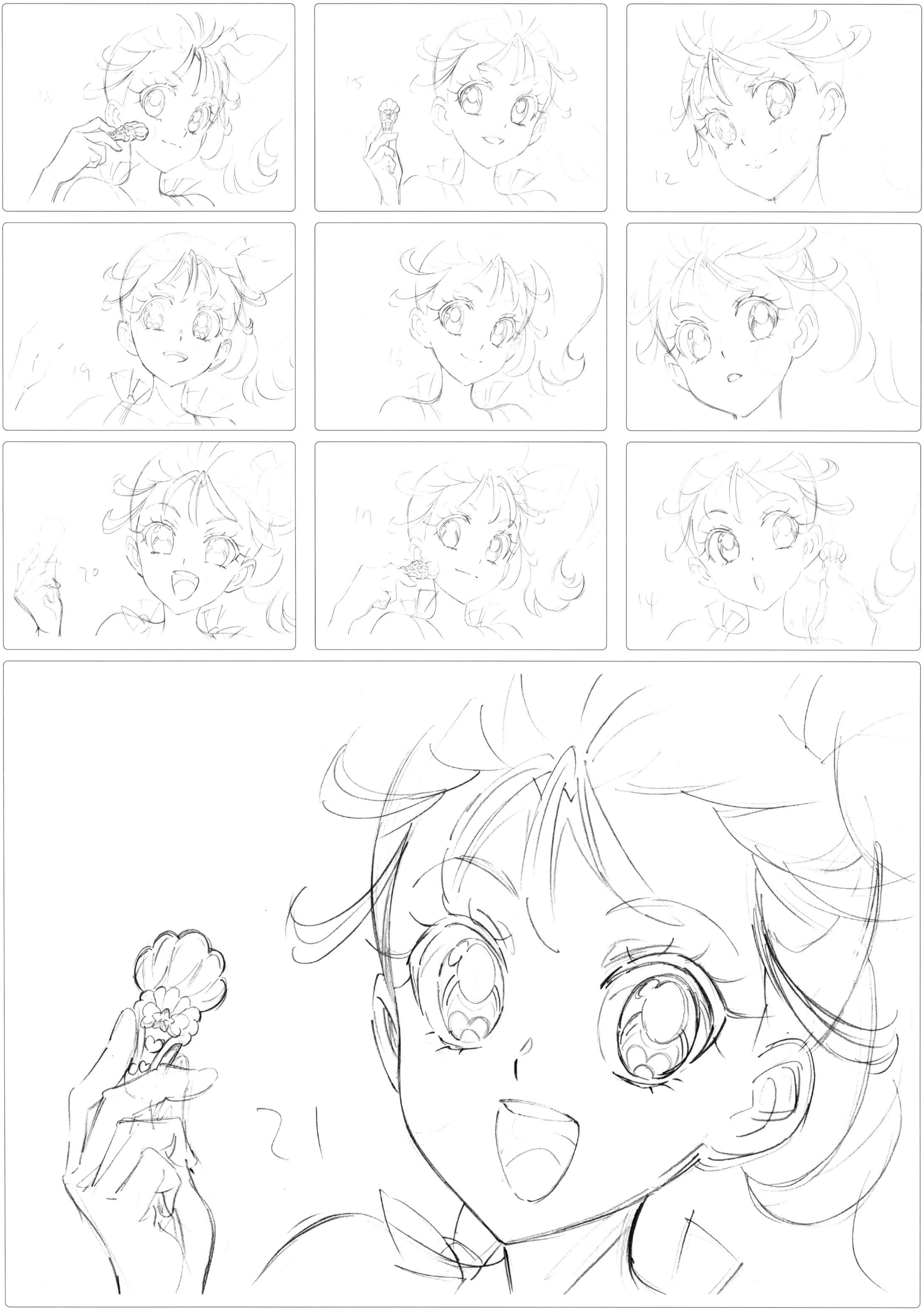
18
15
12
19
16
20
17
14
21

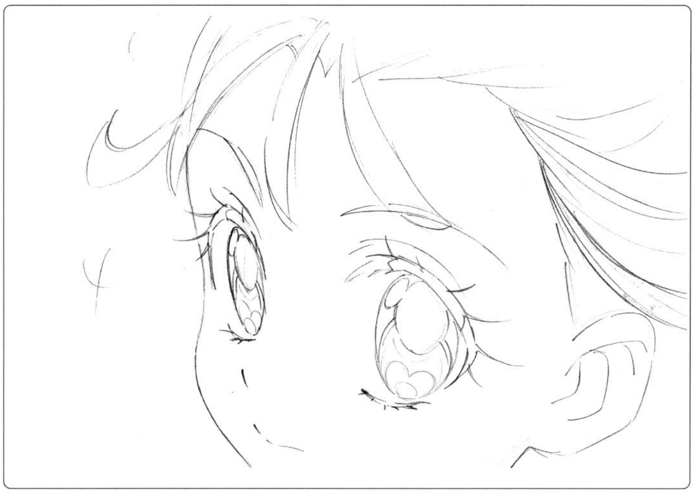

cut11
レイアウト修正

チークのあとは、目元と髪、そしてリップへ。ブラシを唇に当てたときの、ちょっと艶っぽく見える表情も可愛らしい。

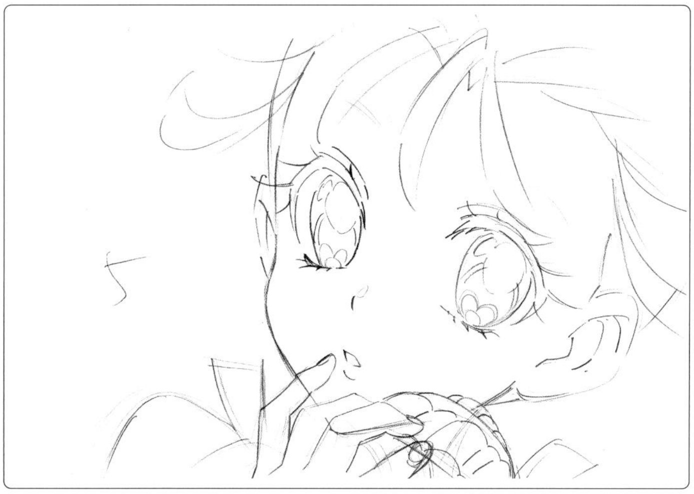

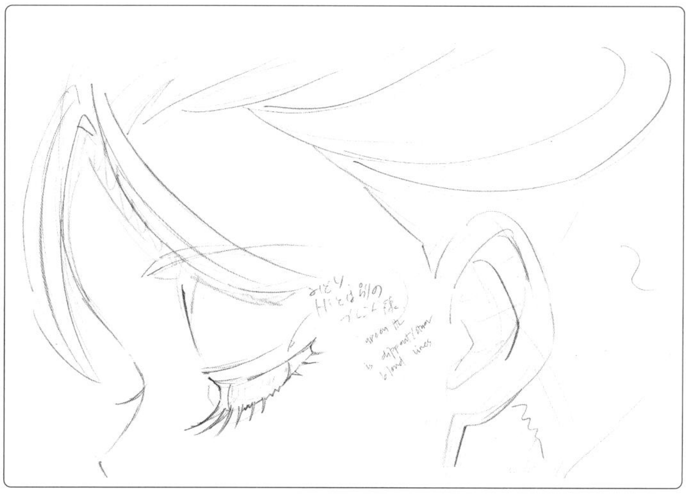

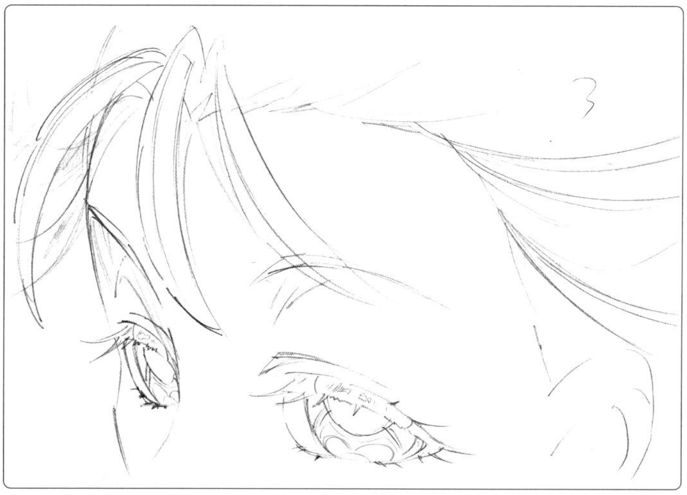

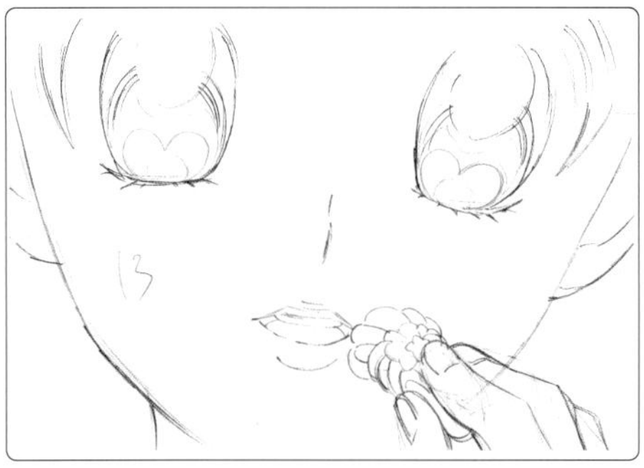
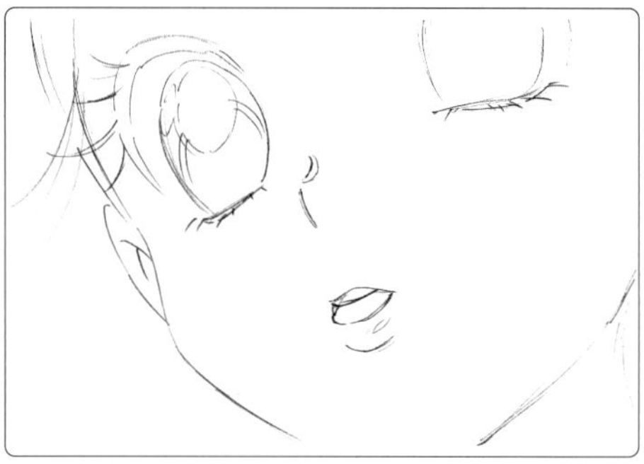
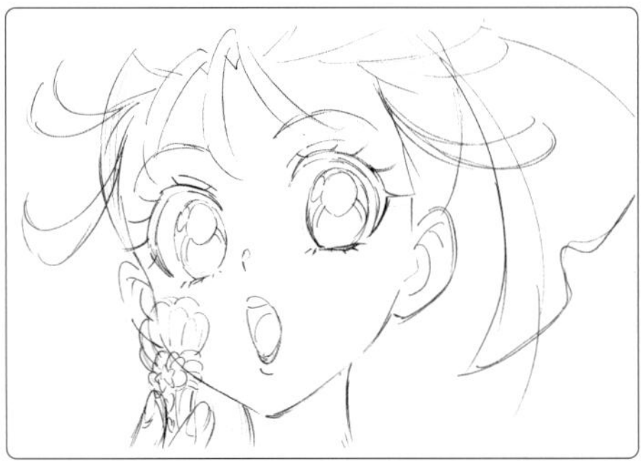
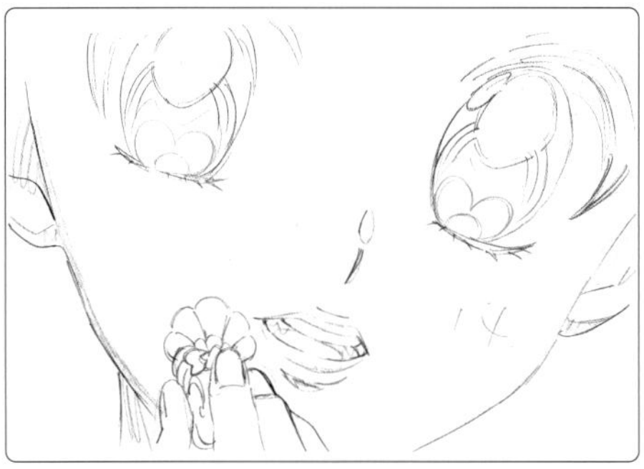
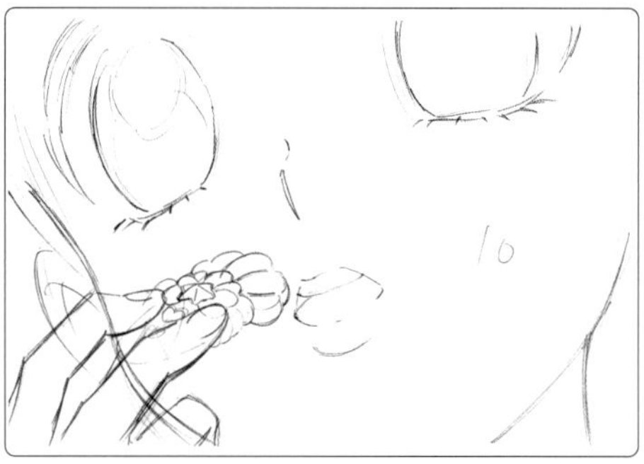

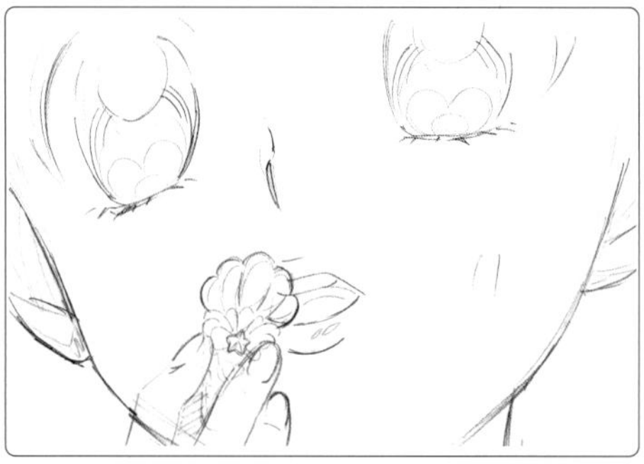

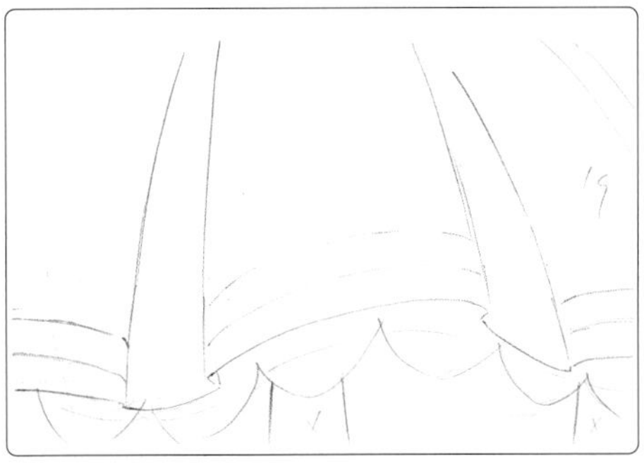

cut19
レイアウト修正

変身が完了すると同時に思いっきり走り出すキュアサマー。くるっと一回転したあと、カメラに向かってポーズを決めながら「ときめく常夏！ キュアサマー！」。

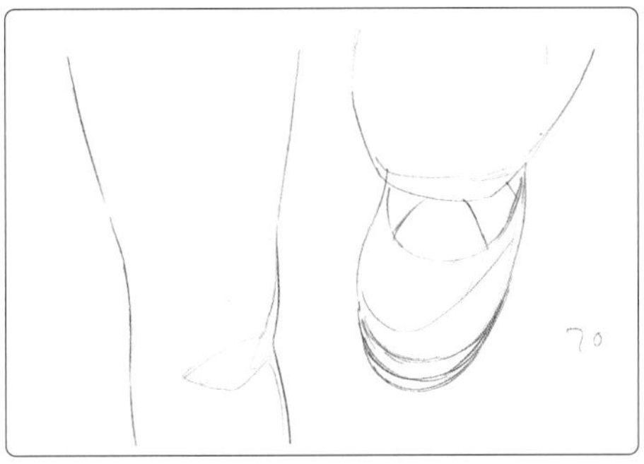

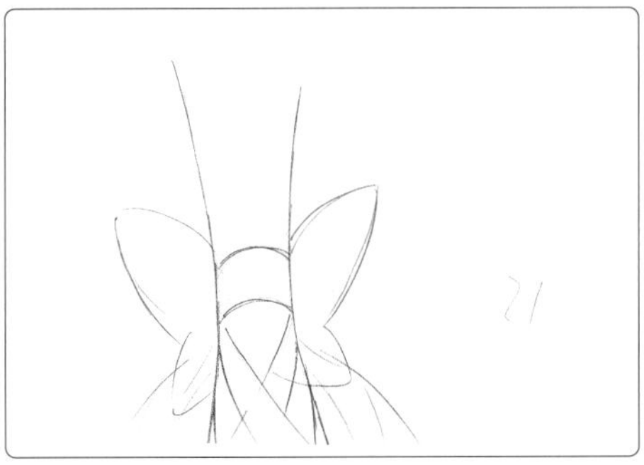

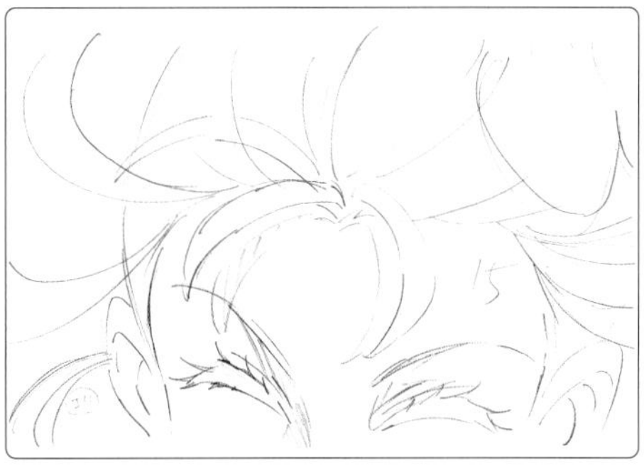

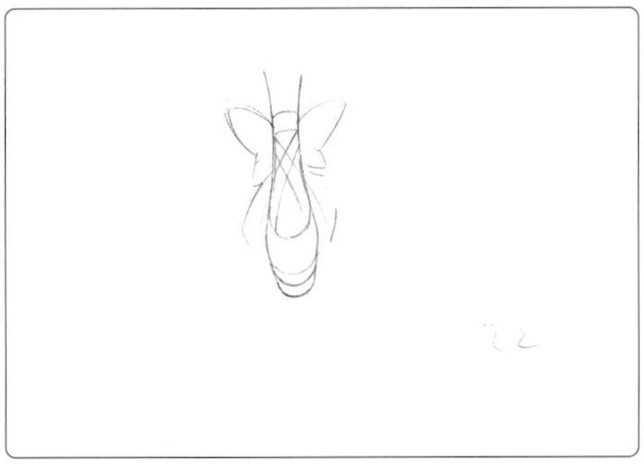

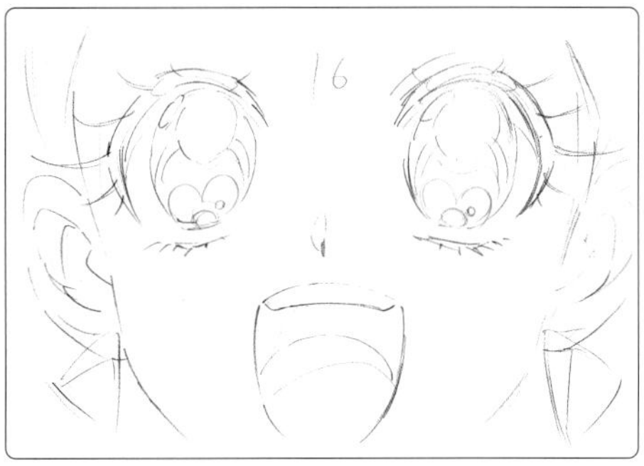

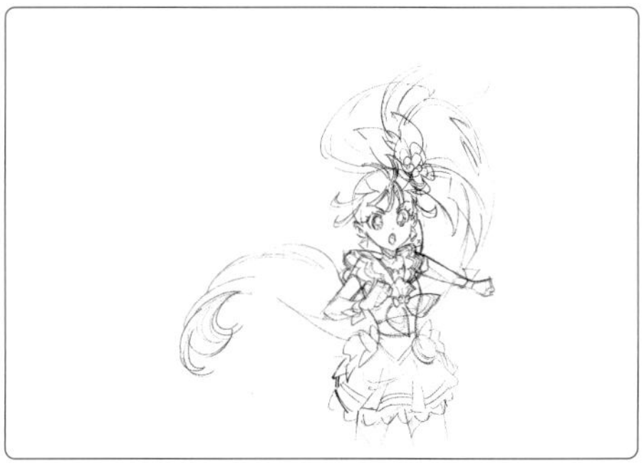

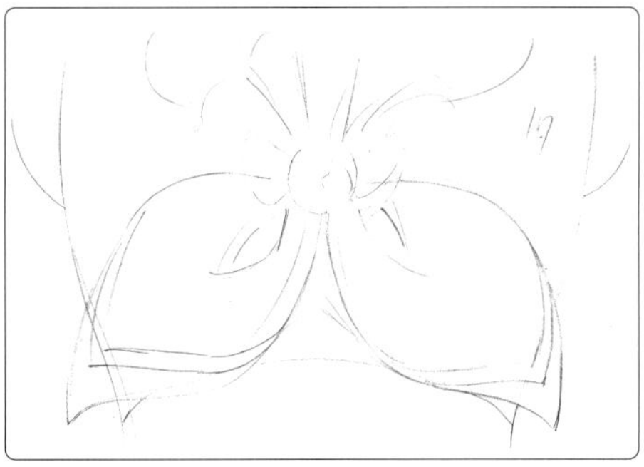

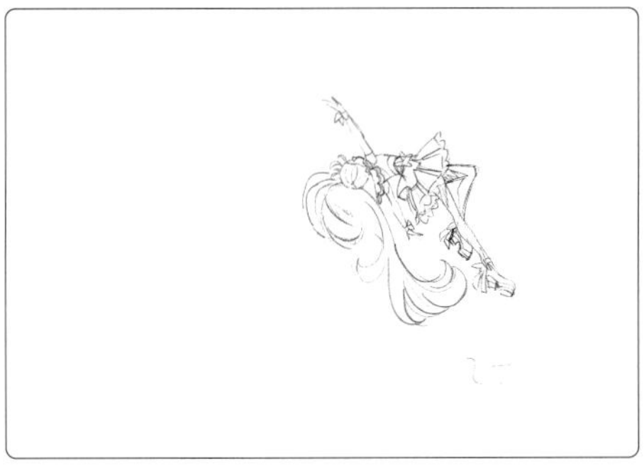

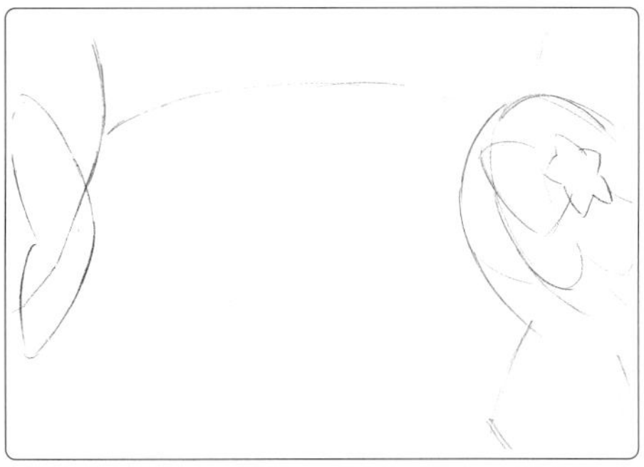

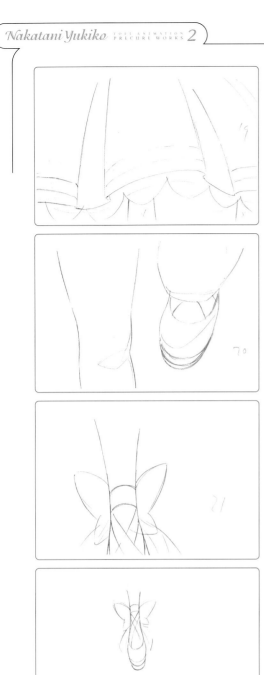

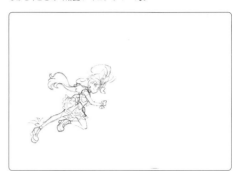

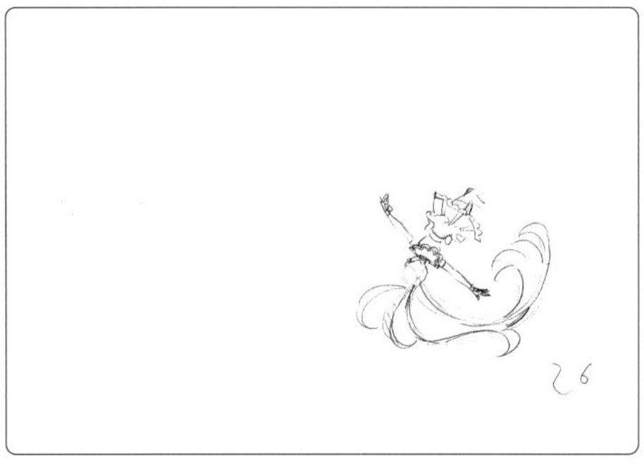
26

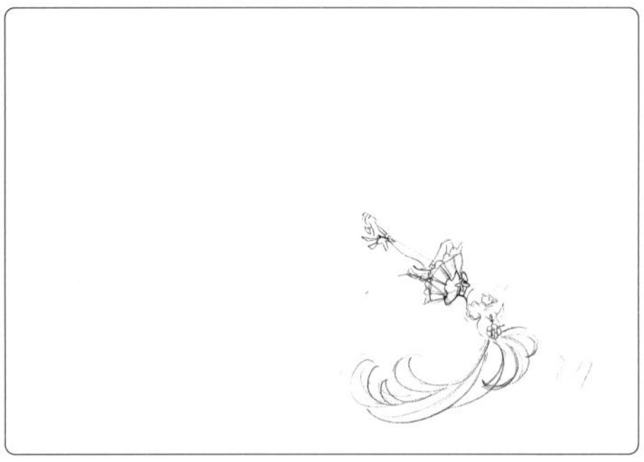

28

40

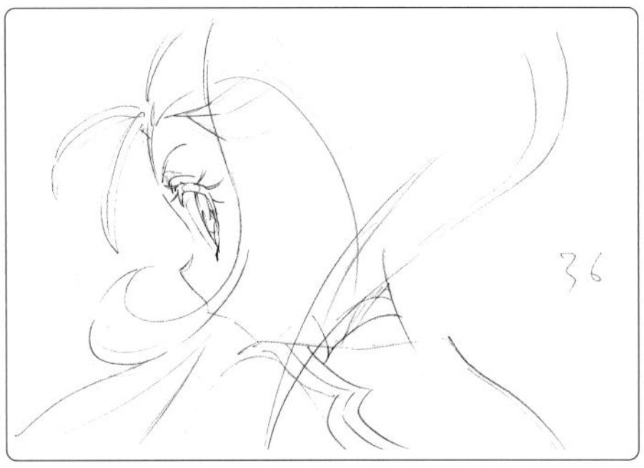
36

41

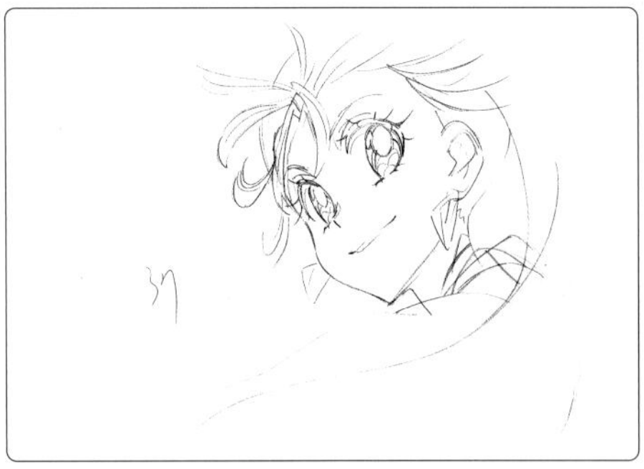

キュアコーラル 変身バンク

cut11
レイアウト修正

キュアコーラルは最初に唇、続けて目元と髪、そしてこのカットで描かれたチークへとメイクアップが進む。両頬に人差し指を当てた姿がチャーミング。

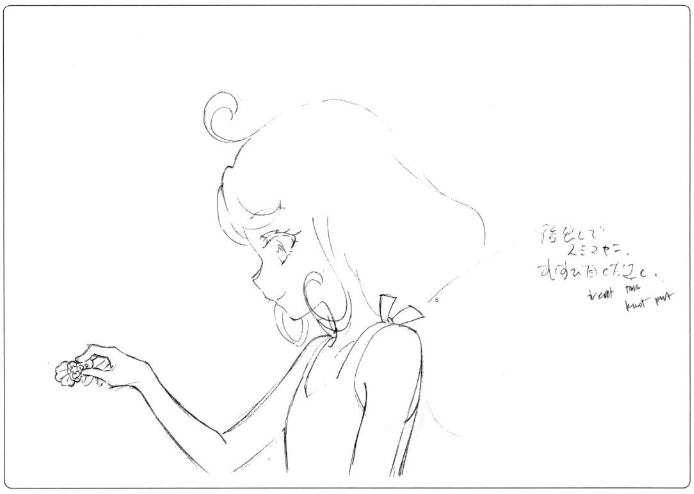

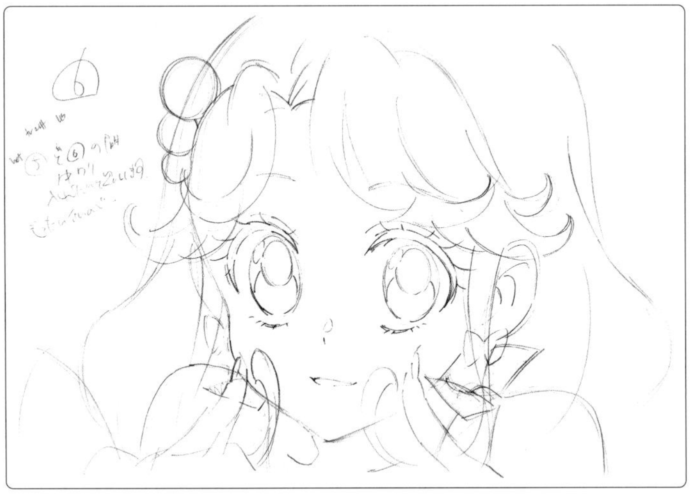

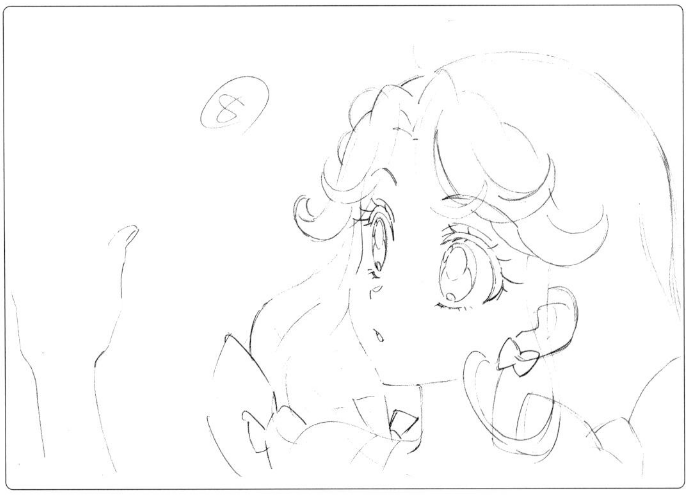

16

12

9

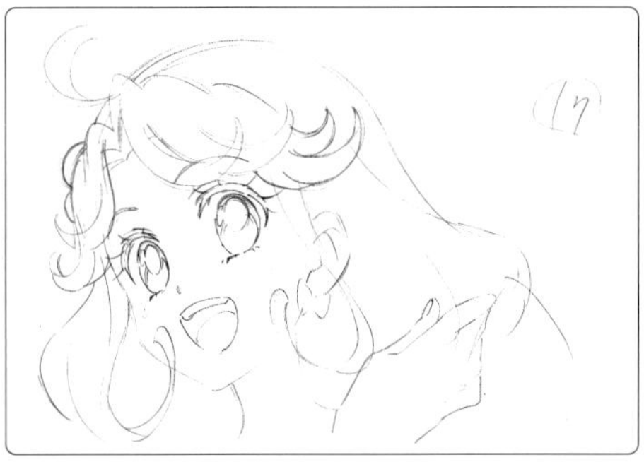
17

13

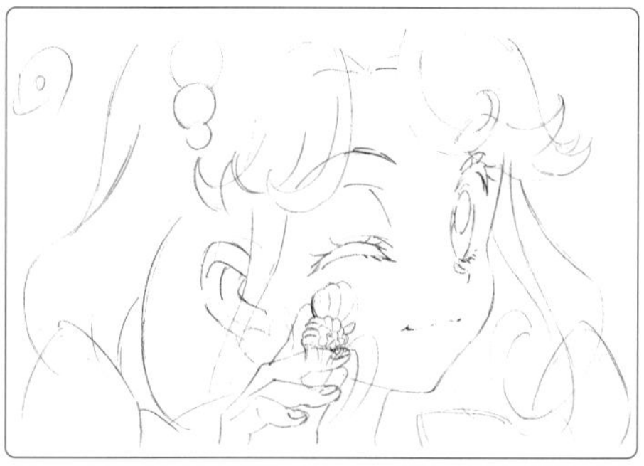
10

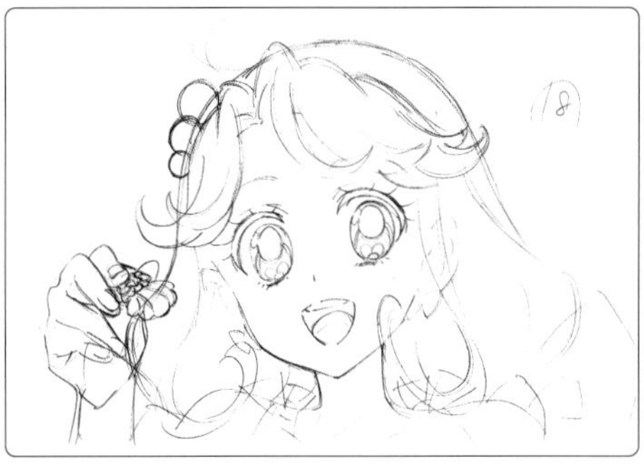
18

14

11

大変かわいいです
ありがとうございます!
19

キュアパパイア 変身バンク

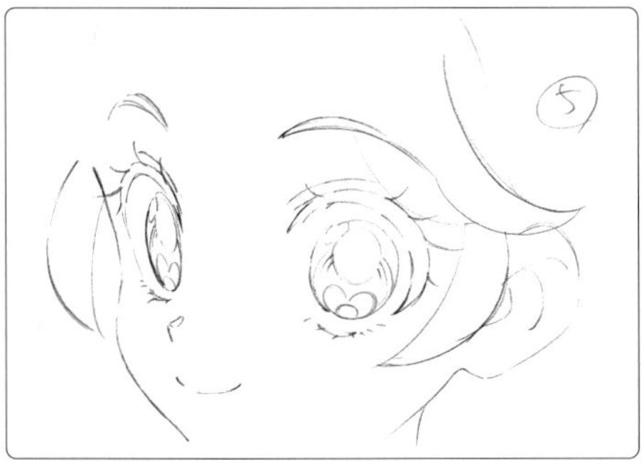

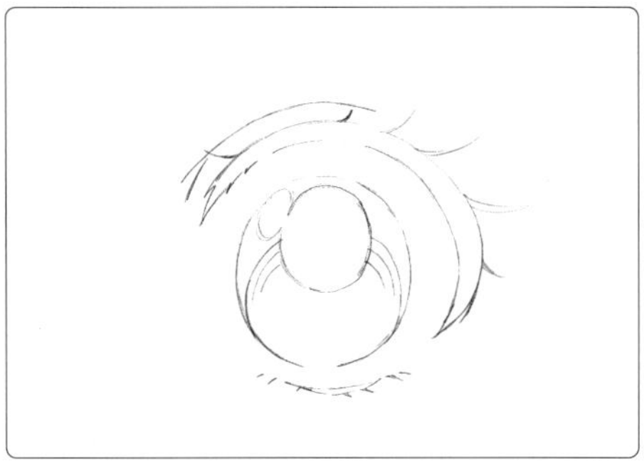

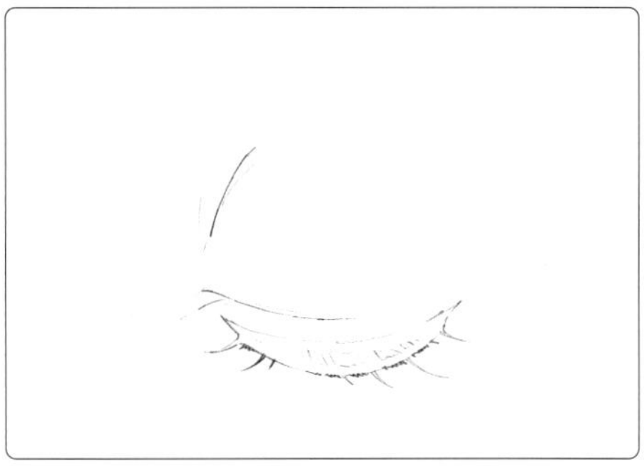

cut11
レイアウト修正

メイクアップの順番は、頬に続けて唇と髪、そしてチャームポイントである目元へ。普段の無表情なみのりとは裏腹に、とびきりの笑顔を見せてくれる。

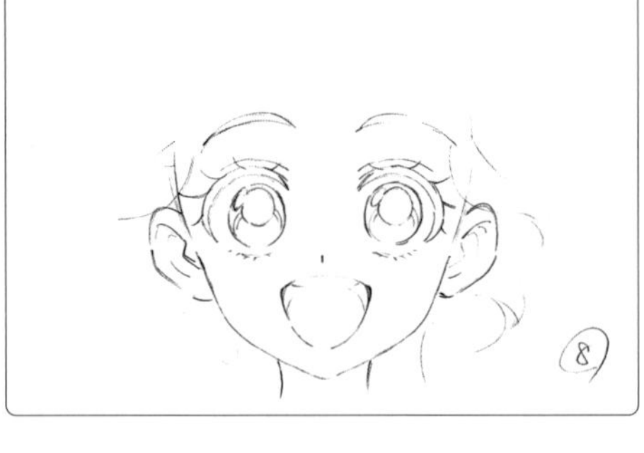

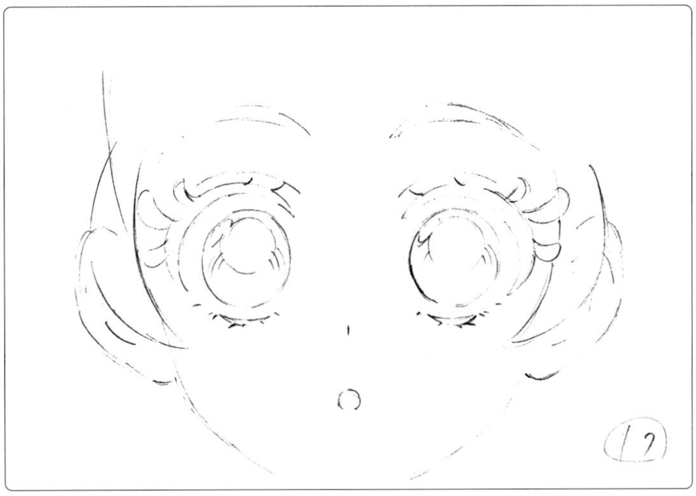
12

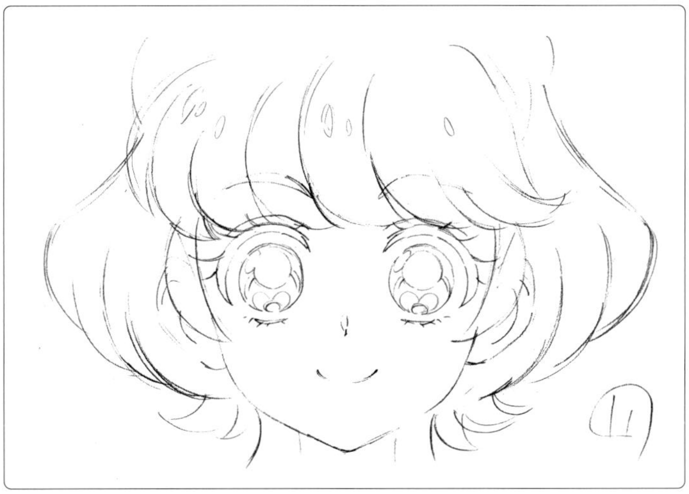
11

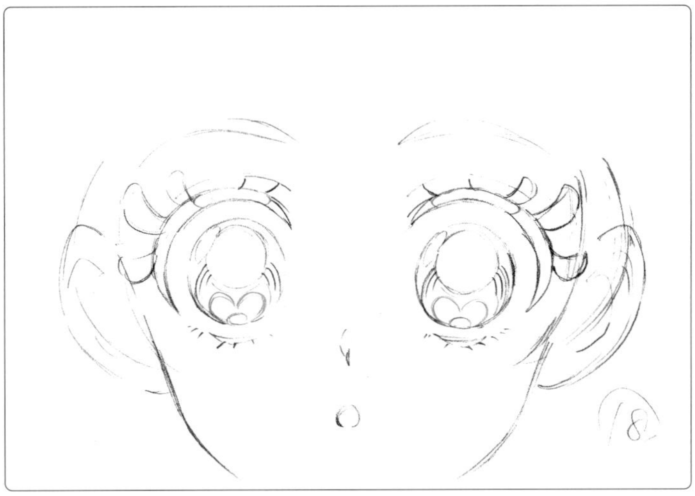
18

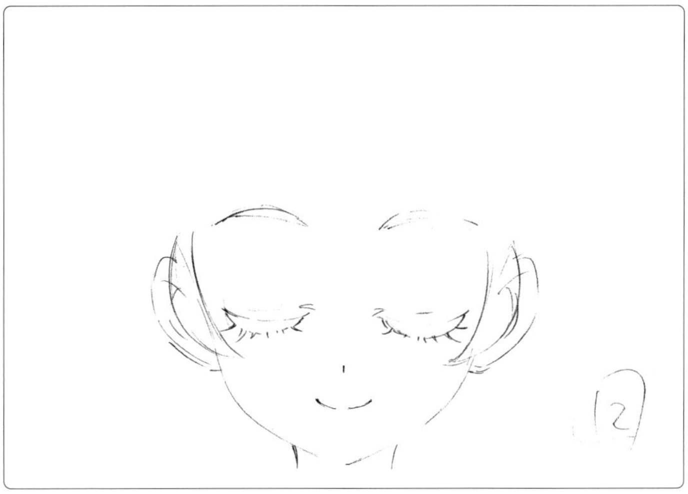
12

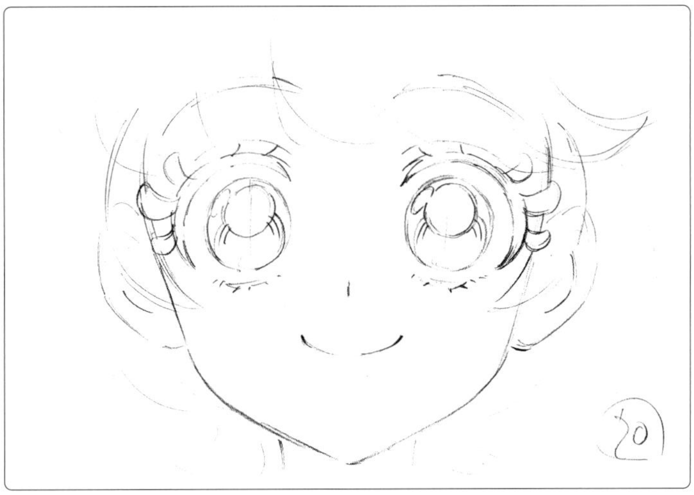
20

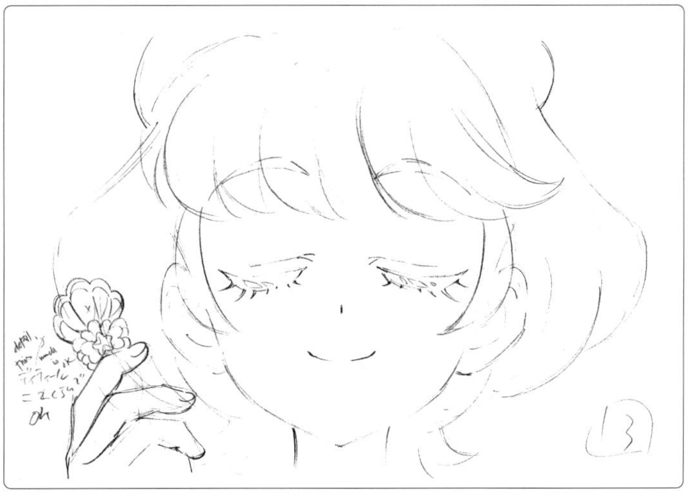
detail
OK
13

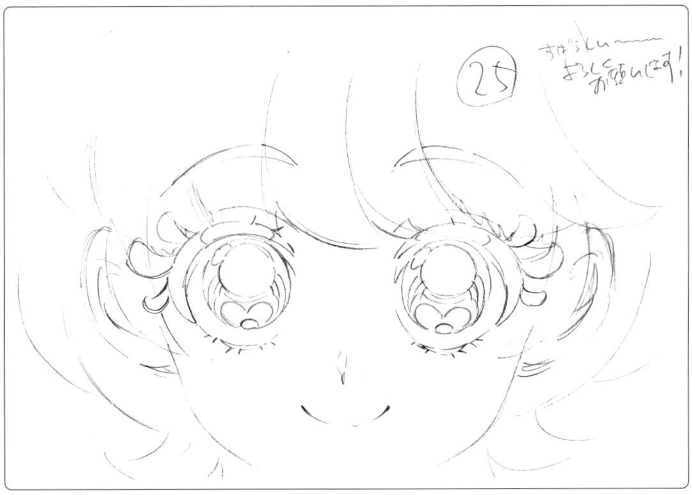
25
すばらしい〜〜
よろしくお願いします!

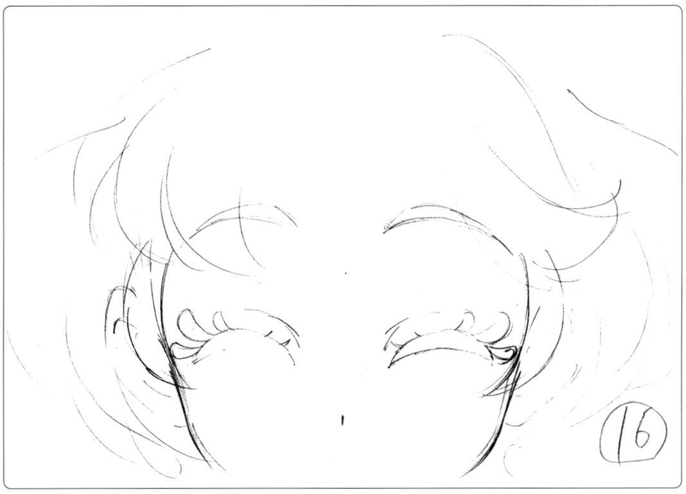
16

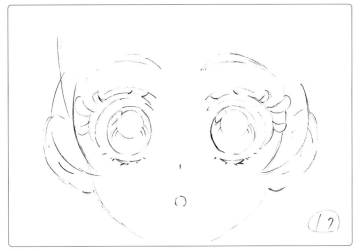

cut17
レイアウト修正

全身にコスチュームが装着されると変身完了。カメラに向かって、晴れやかな笑顔を見せながら「ひらめくフルーツ(果実) ！　キュアパパイア！」。

キュアフラミンゴ 変身バンク

cut12
レイアウト修正

あすかのキャラクターに合わせて、キビキビした動きが印象的なキュアフラミンゴの変身シーン。頬から目元、唇、髪と順番にメイクが進み、最後はコスチュームへ。

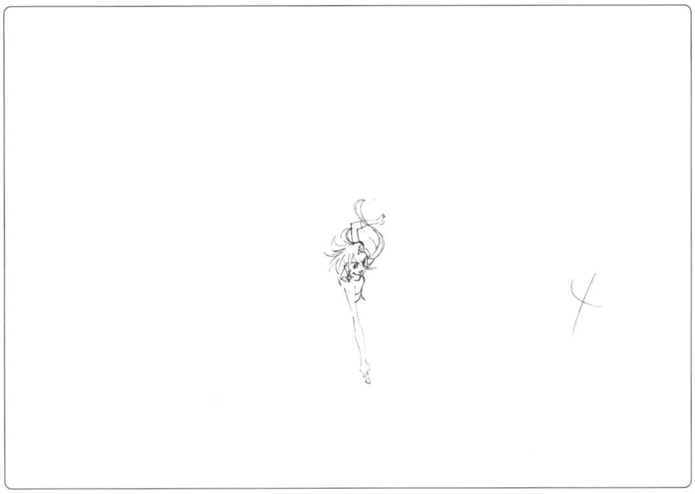

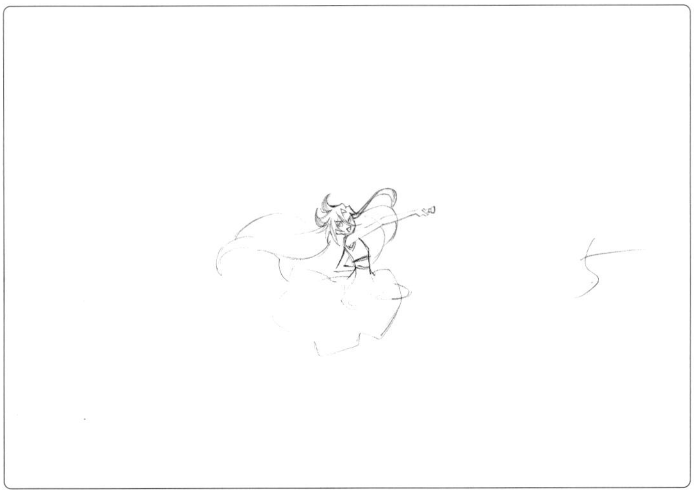

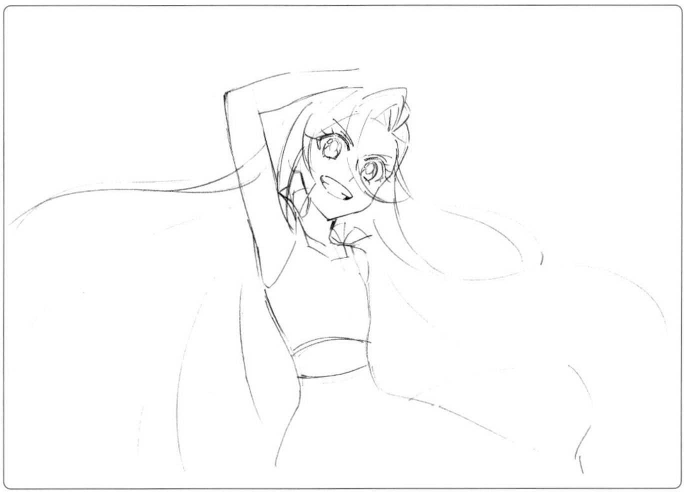

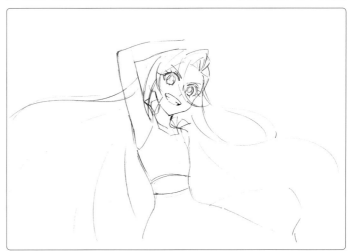

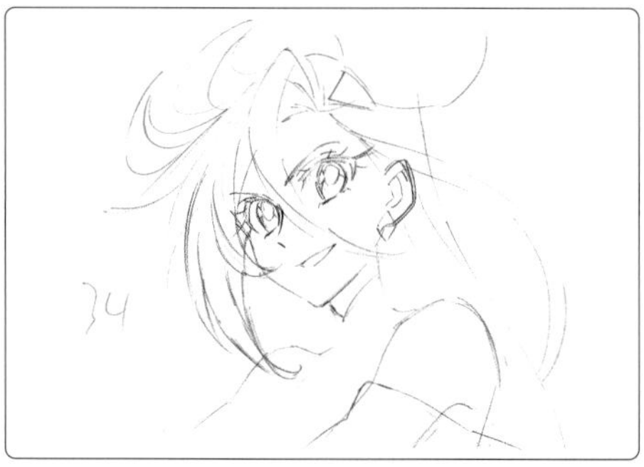

cut20
レイアウト修正

変身が完了したのち、スタッと地面に着地すると、ラストの決めポーズへ。「はためく翼！ キュアフラミンゴ！」。自信満々にカメラを一瞥する表情が印象的だ。

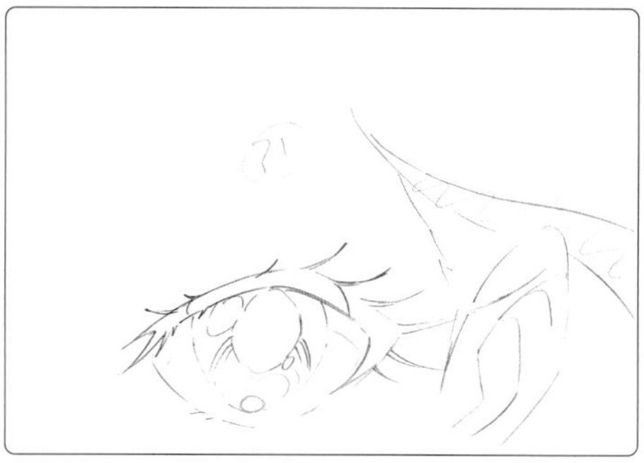

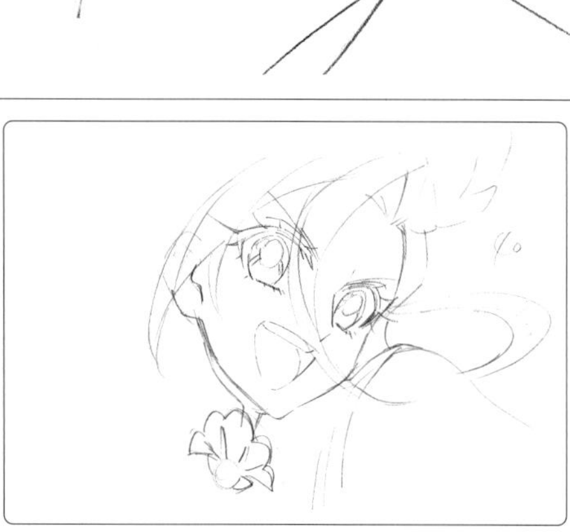

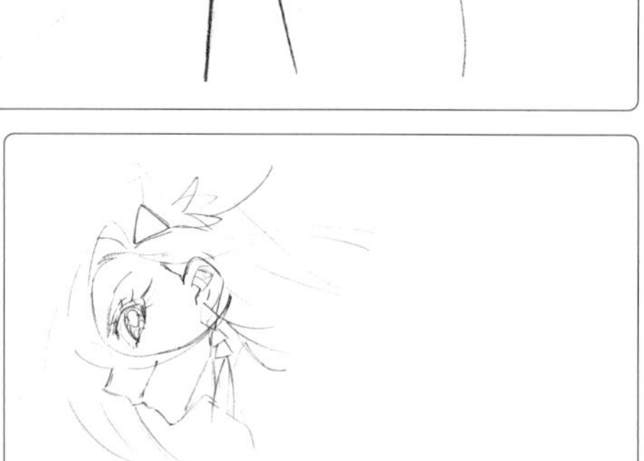

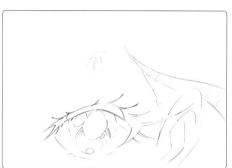

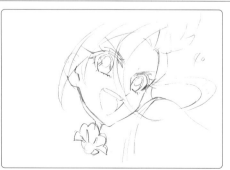

キュアラメール 変身バンク

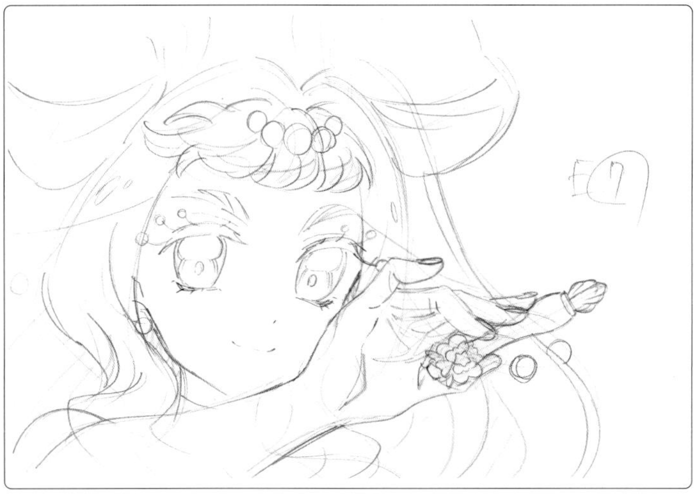

cut8
レイアウト修正

他のプリキュアの変身シーンと異なり、ネイルのカットが追加されているのもキュアラメールの特徴。爪にブラシを走らせているときの表情も魅力的。

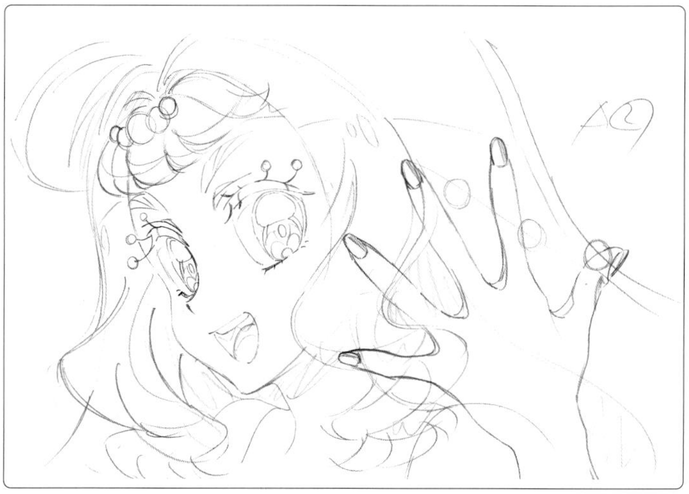

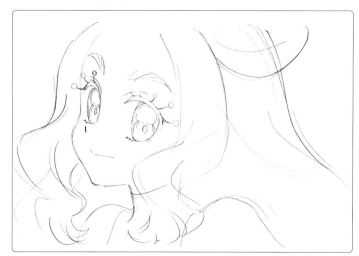

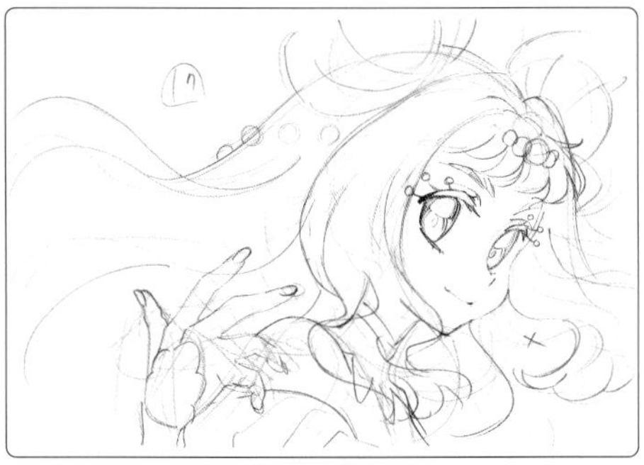

cut16
レイアウト修正

変身が完了すると、海面から飛び出し、くるくると身体を回転させながら宙を舞うキュアラメール。最後はポーズを決めながら「ゆらめくオーシャン(大海原)！　キュアラメール！」。

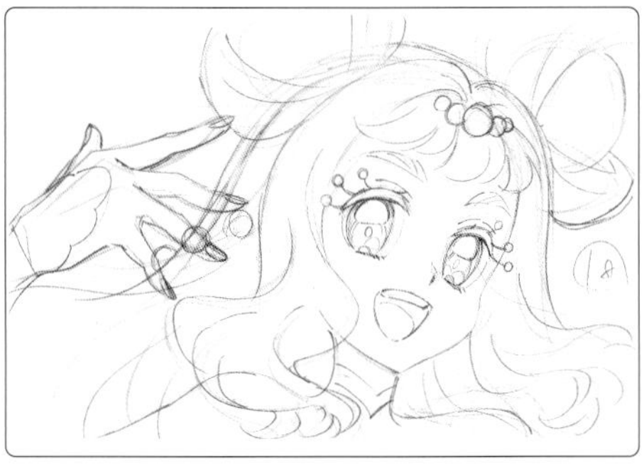

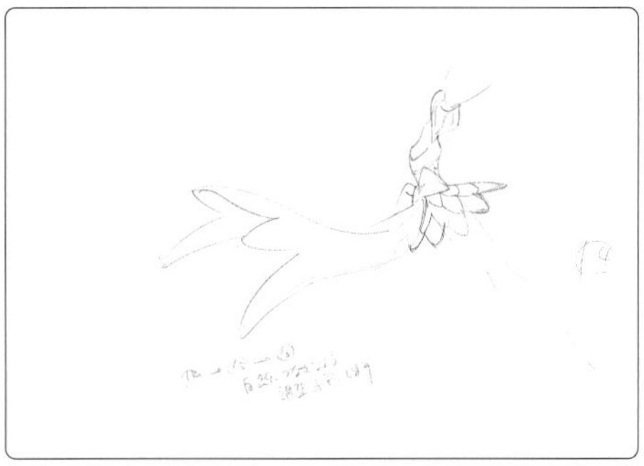

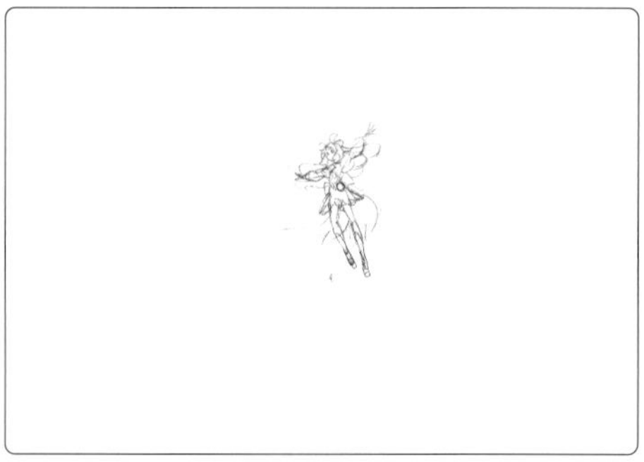

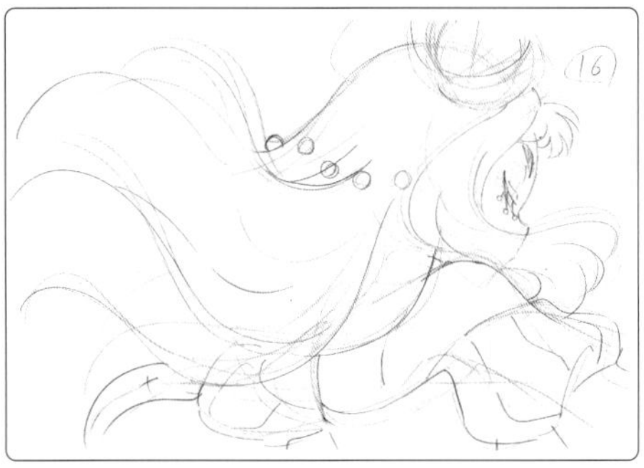

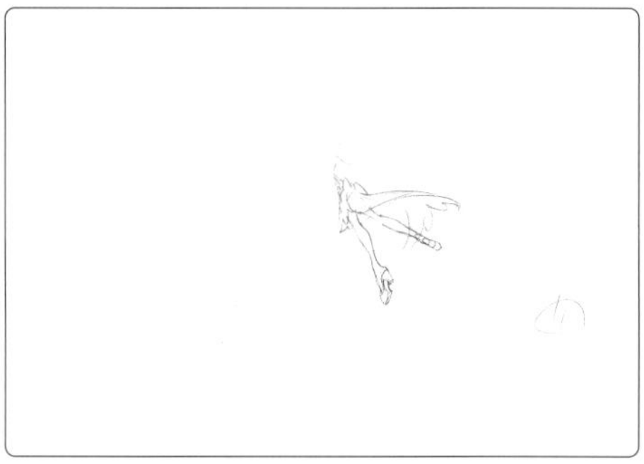

25

21

26

22

27

23

28
29
30

24

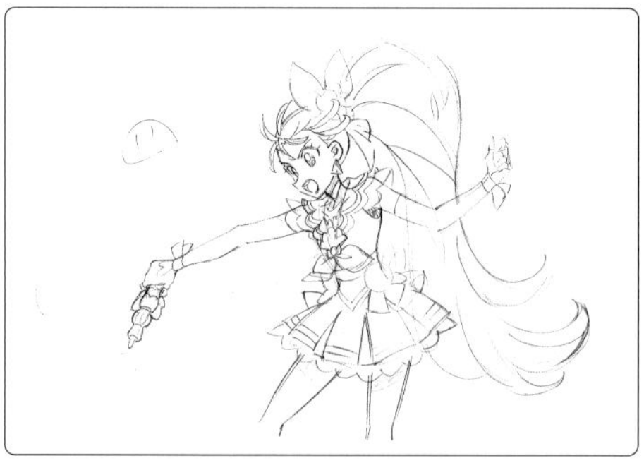

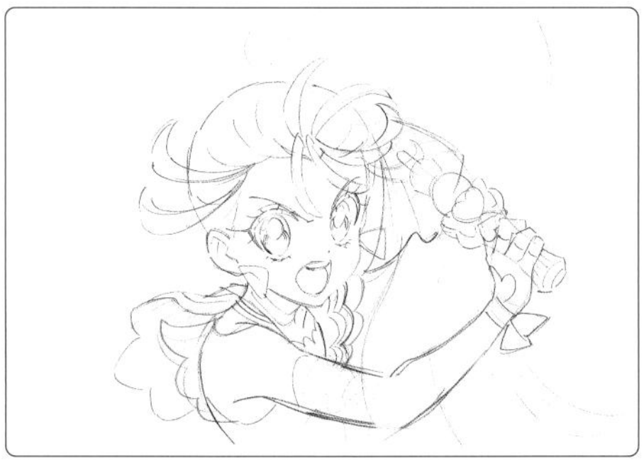

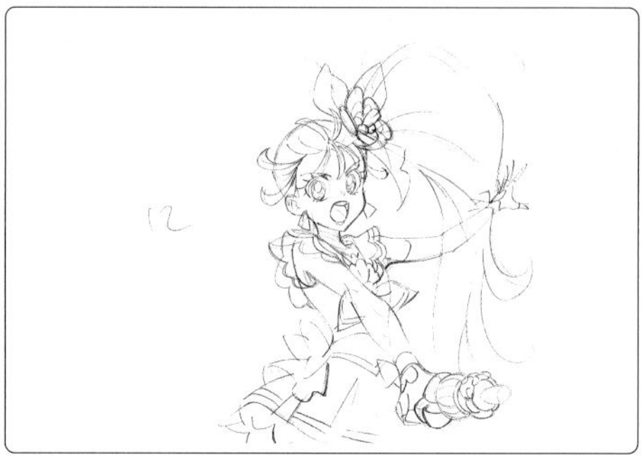

cut1
レイアウト修正

キリリとした表情とともに、ハートルージュロッドを構えるキュアサマーの決め技「おてんとサマーストライク」。

キュアサマー 技バンク

キュアフラミンゴ 技バンク

cut1
レイアウト修正

キュアフラミンゴの決め技「ぶっとびフラミンゴスマッシュ！」。
鋭い視線とともに、ハートルージュロッドを相手に突きつける。

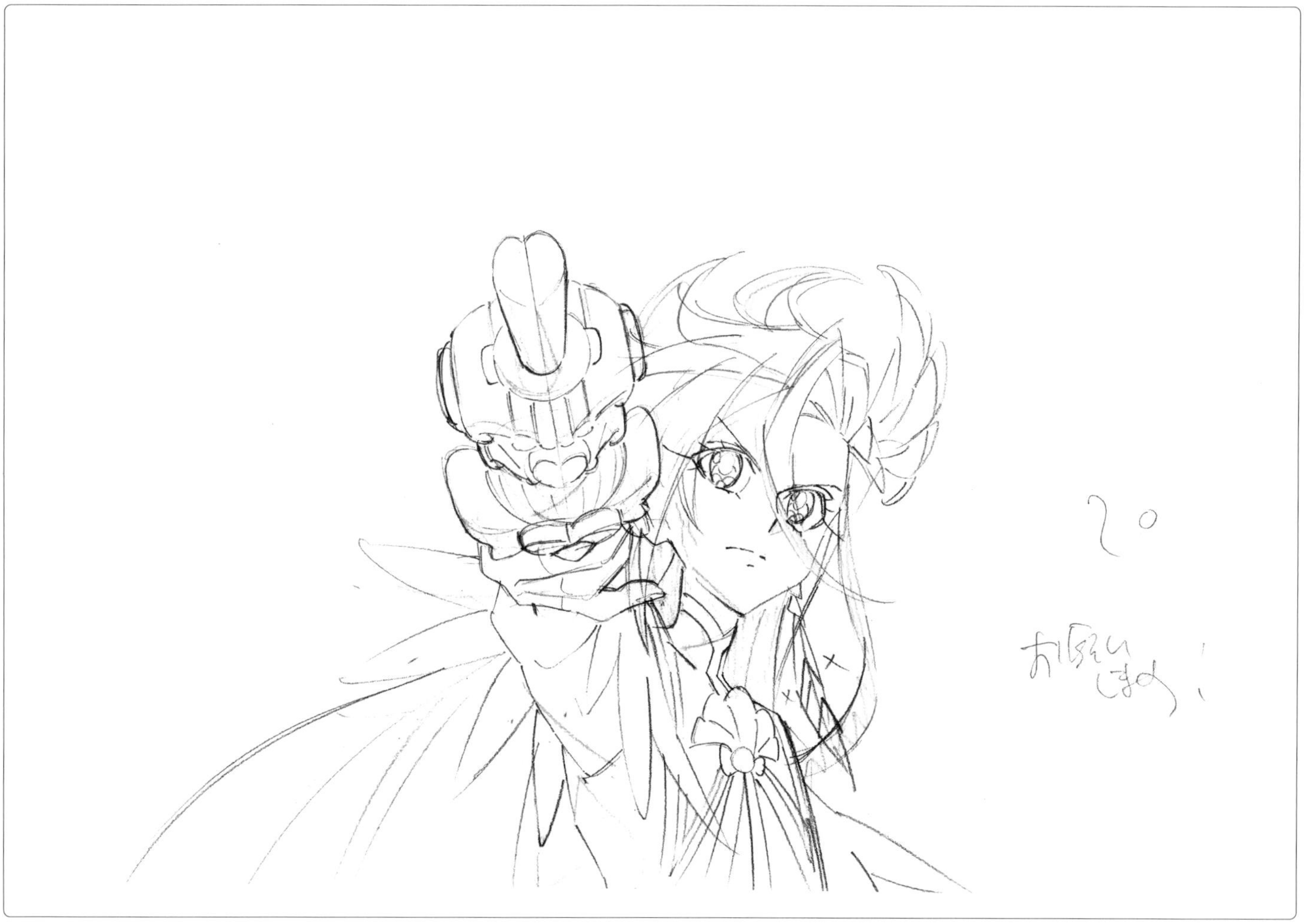

cut1
レイアウト修正

合体4人技バンク

キュアサマーとキュアコーラル、キュアパパイア、キュアフラミンゴの4人が力を合わせて放つ4人技「プリキュア！ミックストロピカル！」。それぞれ色の違うハートを作り出す。

オープニング

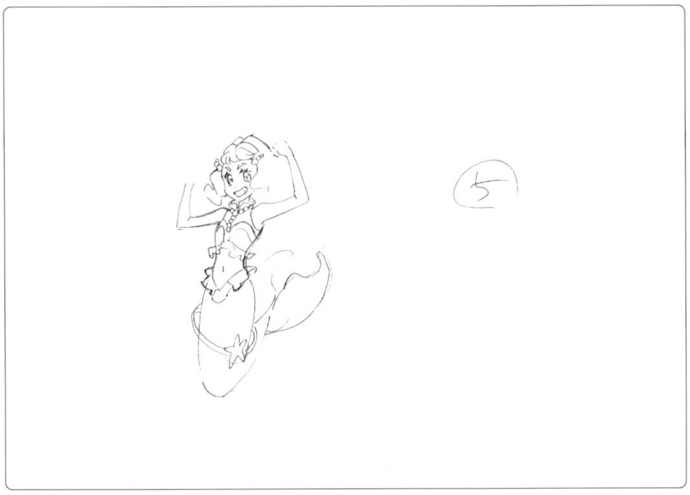

cut5
レイアウト修正

サンバのようなリズムに乗りながらオープニングがスタート。まなつ、ローラ、さんご、あすか、みのりの順番で、画面奥から手前に向かって元気いっぱいに飛び出してくる。

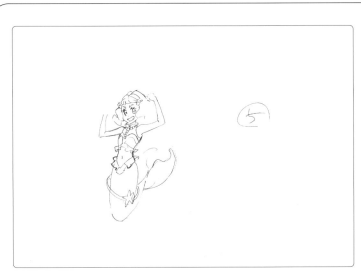

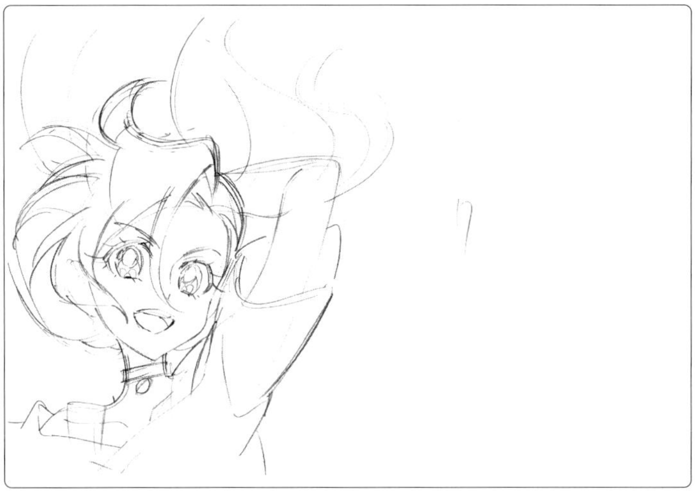

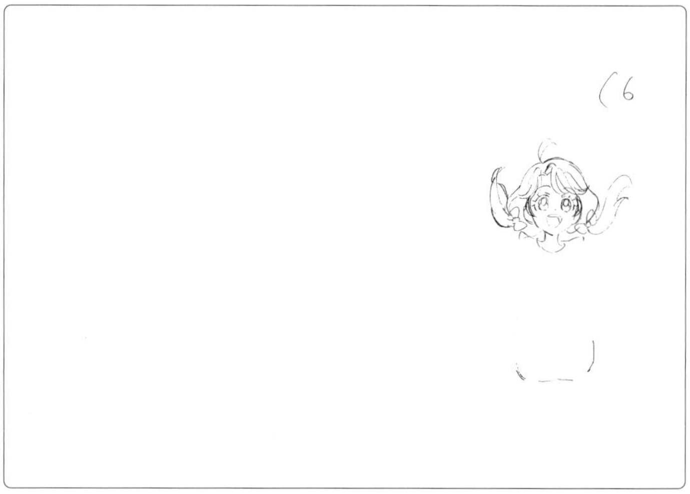

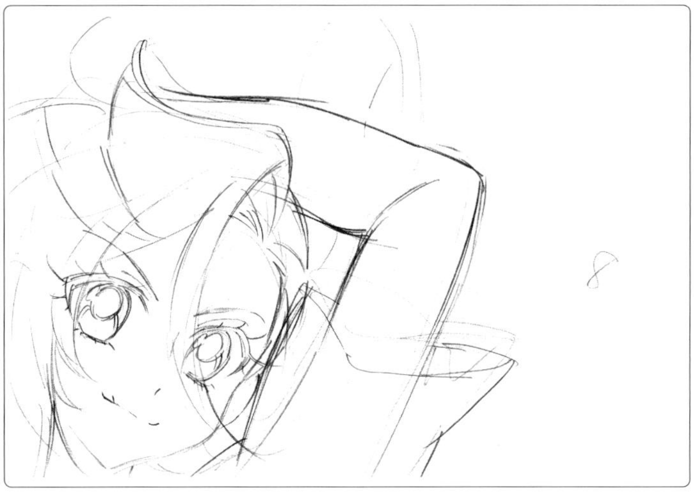

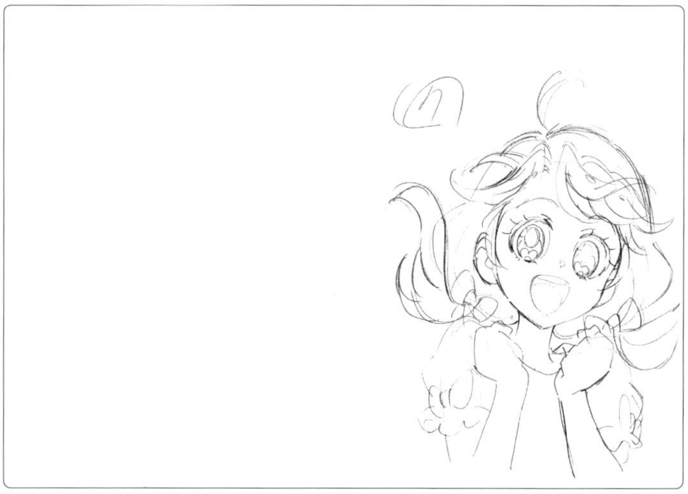

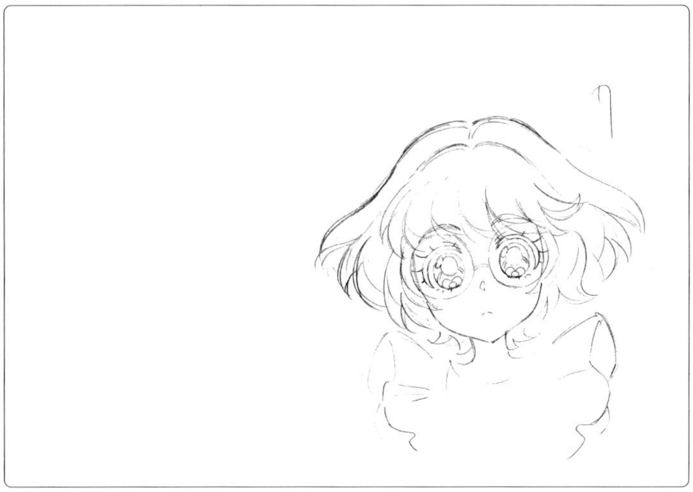

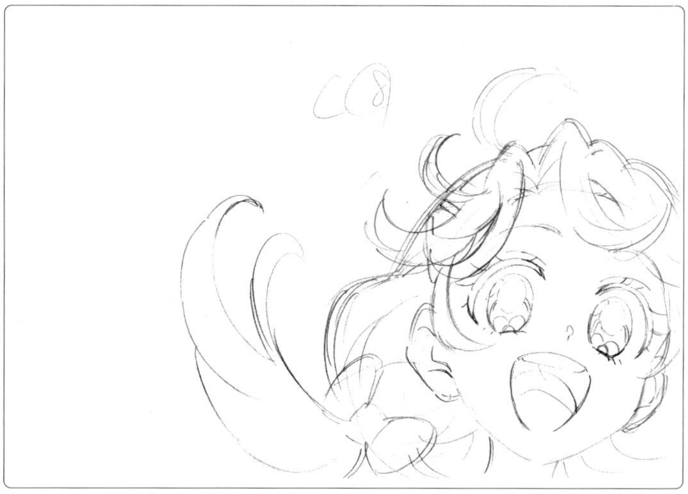

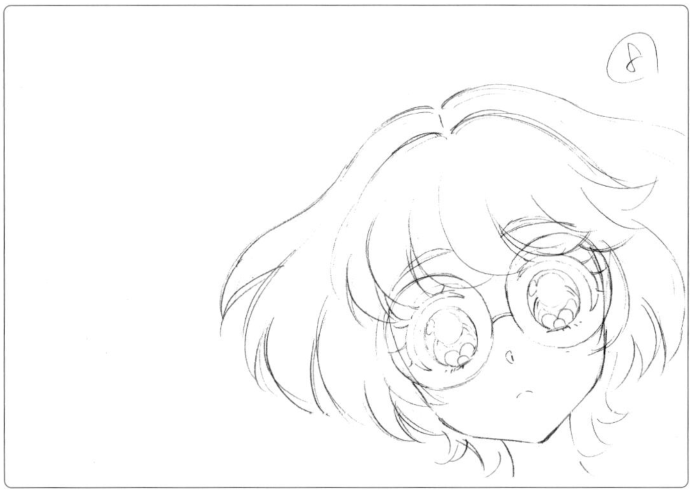

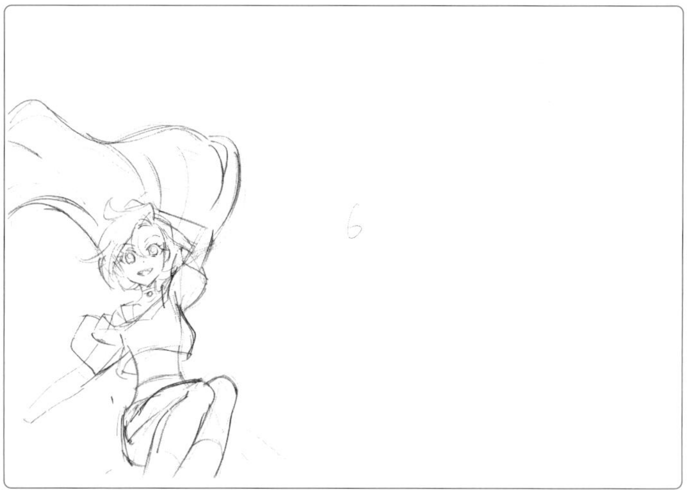

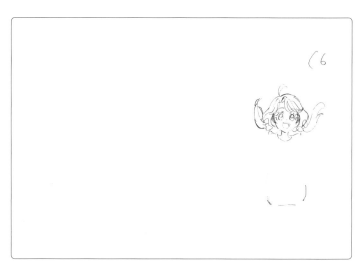

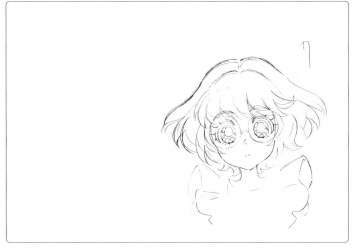

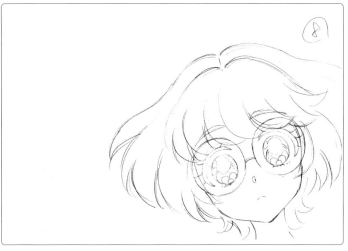

cut10
レイアウト修正

タイトル明け、楽しそうに走っているまなつたち。カメラが引いていくと同時に、画面外からローラがまなつに飛びつき、5人揃って地面すれすれを滑空！

cut12
レイアウト修正

続いて、まなつたち5人それぞれの普段の姿が描かれる。成績優秀なみのりは、ハートのはちまきを頭に締めて猛勉強中。

cut19
レイアウト修正

まなつたち5人の周りの人たちが、曲に合わせてウキウキとダンスを披露。まなつの両親とさんごの母、そしてあおぞら水族館の館長も登場する。

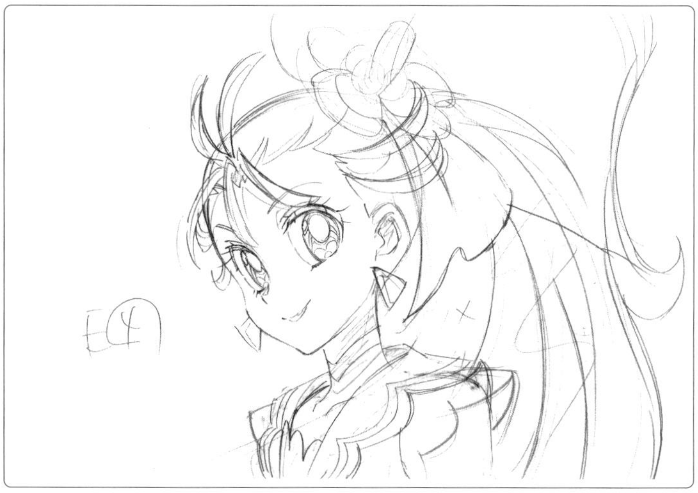

cut23
レイアウト修正

トロピカルパクトの鏡に、次々と映るプリキュア。キュアサマーは唇、キュアコーラルは頬、キュアパパイアは目元、キュアフラミンゴは髪と、それぞれのチャームポイントがキラリと光る。

G5

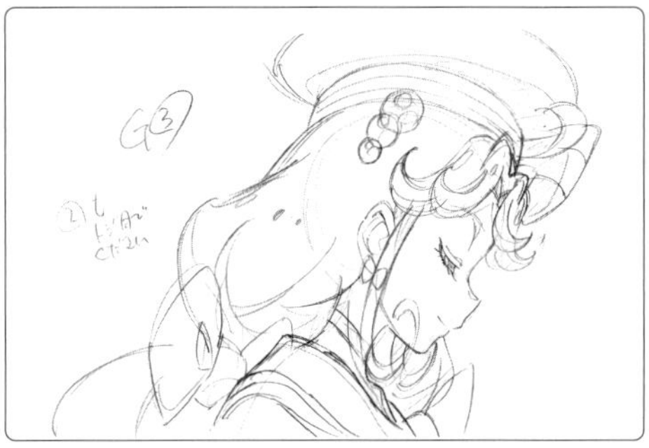

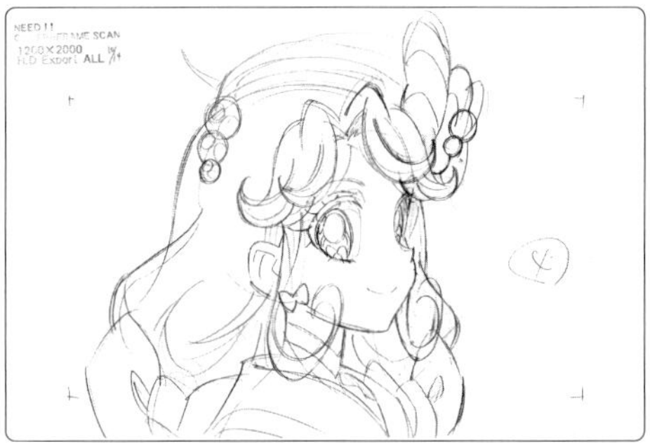
NEED !!
SCAN
1200×2000
ALL
4

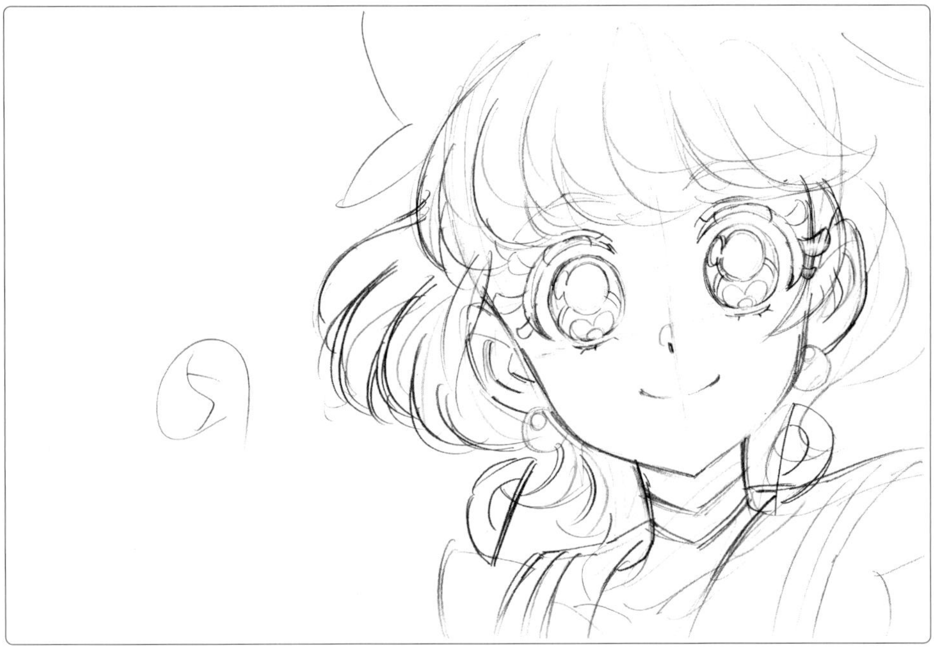
5

5

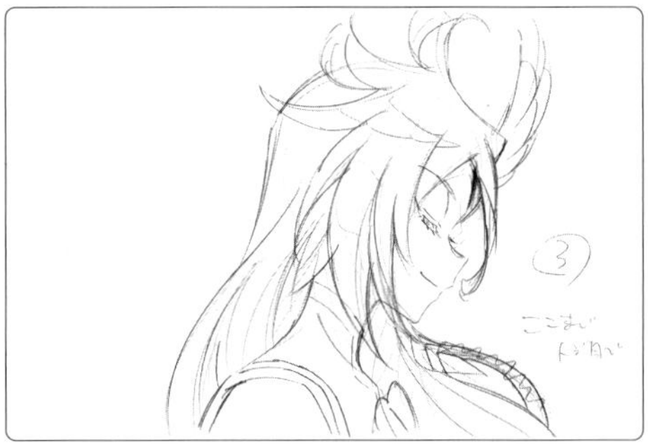

cut30
レイアウト修正

オープニングのラストは5人揃って、チャーミングなダンスを披露。手前に向かって走り込んでくると、最後にローラが無理やり割り込んでくる。

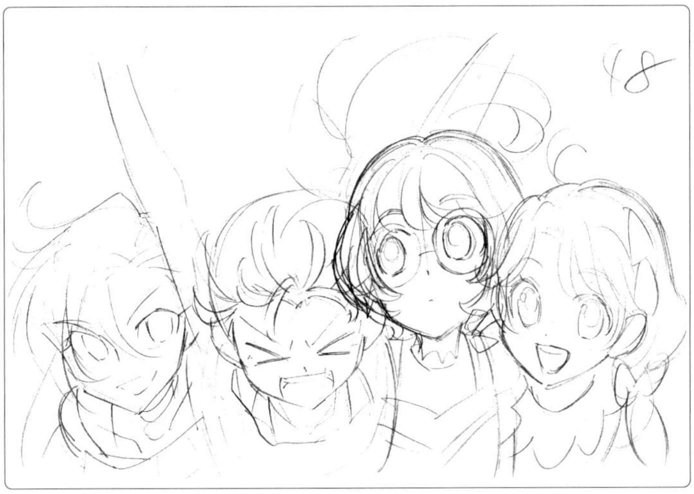

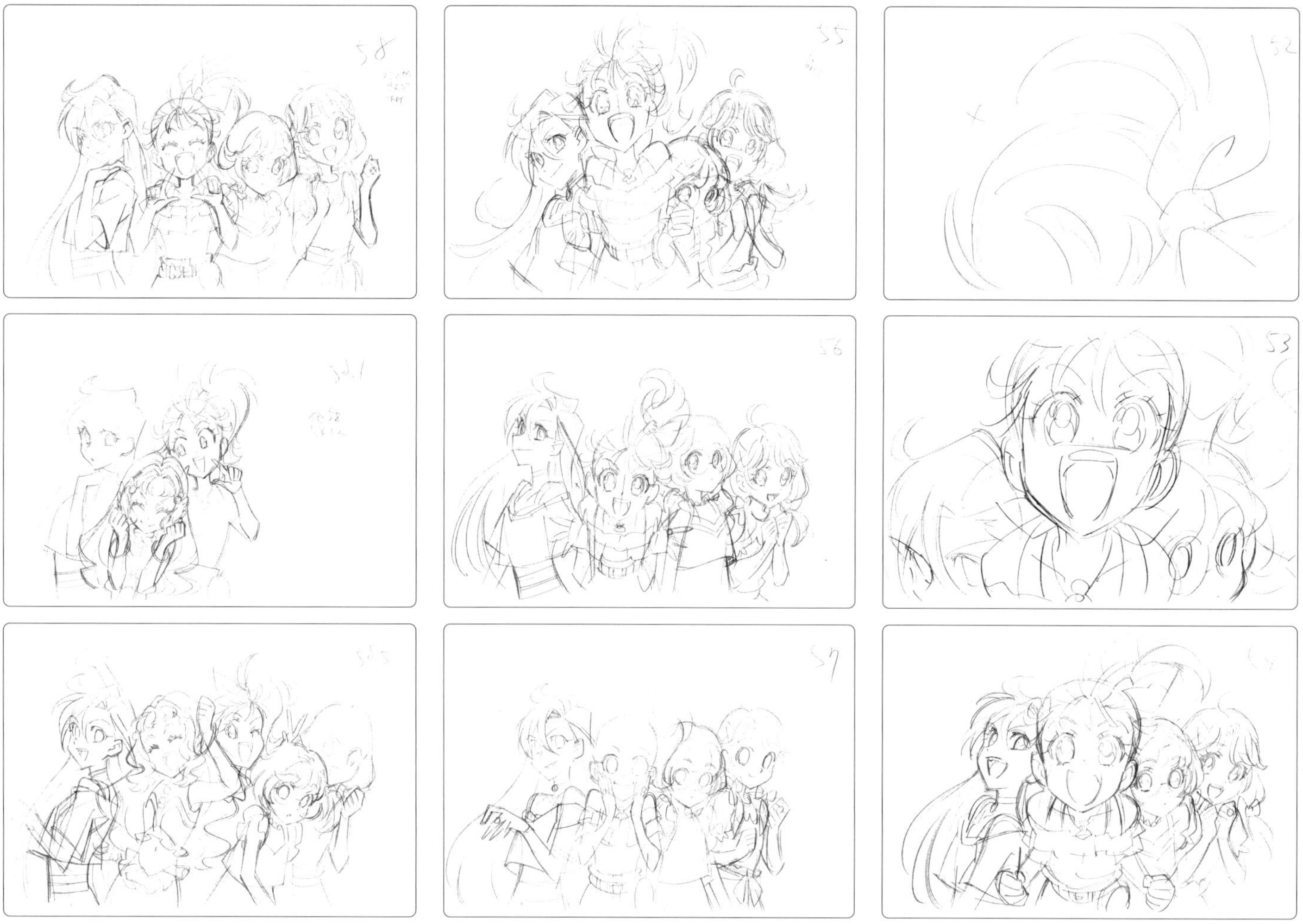

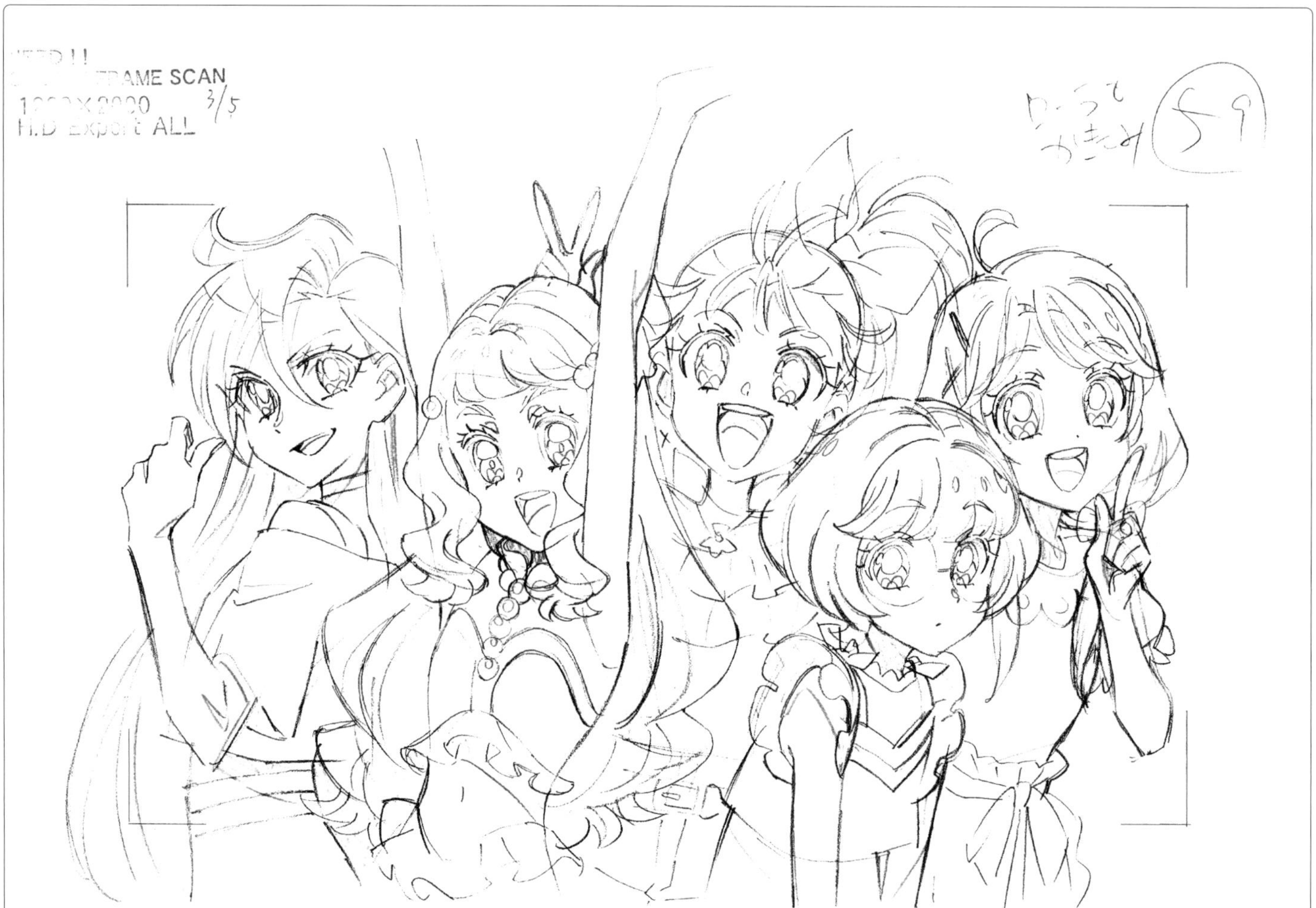
FRAME SCAN
3/5
59

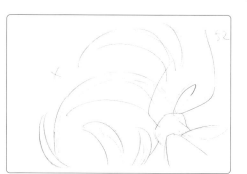

アイキャッチ

まなつやローラたちの愛らしい姿がなんとも楽しいアイキャッチ。チビキャラたちが、それぞれのキャラクターを反映した仕草を見せてくれる。

EC03
レイアウト修正

EC21
レイアウト修正

第17話「人魚の奇跡！変身！キュアラメール！」

ローラが連れ去られたため、次第に追い詰められるキュアサマーたち。ローラが初めてプリキュアに変身する本エピソードで、中谷は増田誠治、藤原未来夫とともに作画監督を担当。

S22 Cut24•25•26
レイアウト修正

ヌメリーやゼンゼンヤラネーダたちとの戦いの最中、変身が解けてしまったさんご、みのり、あすか。やる気パワーが吸い取られて、傷ついた3人は倒れ込んでしまう。

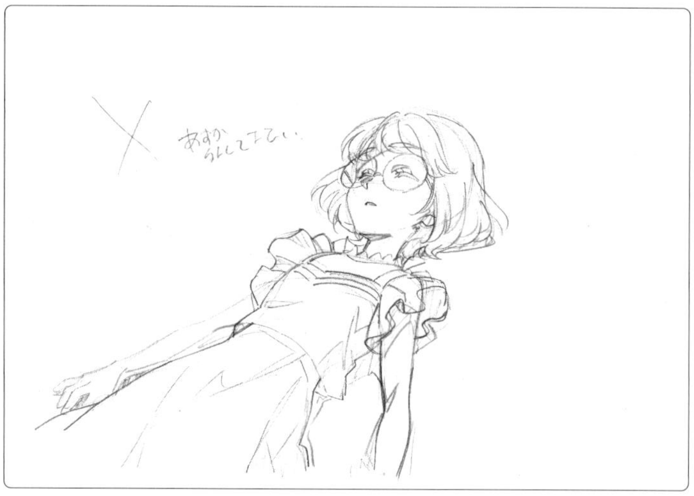

S22 Cut28
レイアウト修正

まなつたちのもとに戻ろうと急ぐローラだが、そんな彼女の目に飛び込んだのは、チョンギーレの攻撃を受け、傷ついたキュアサマーの姿。気を失ったまなつを胸に抱き、怒りの表情を見せるローラ。

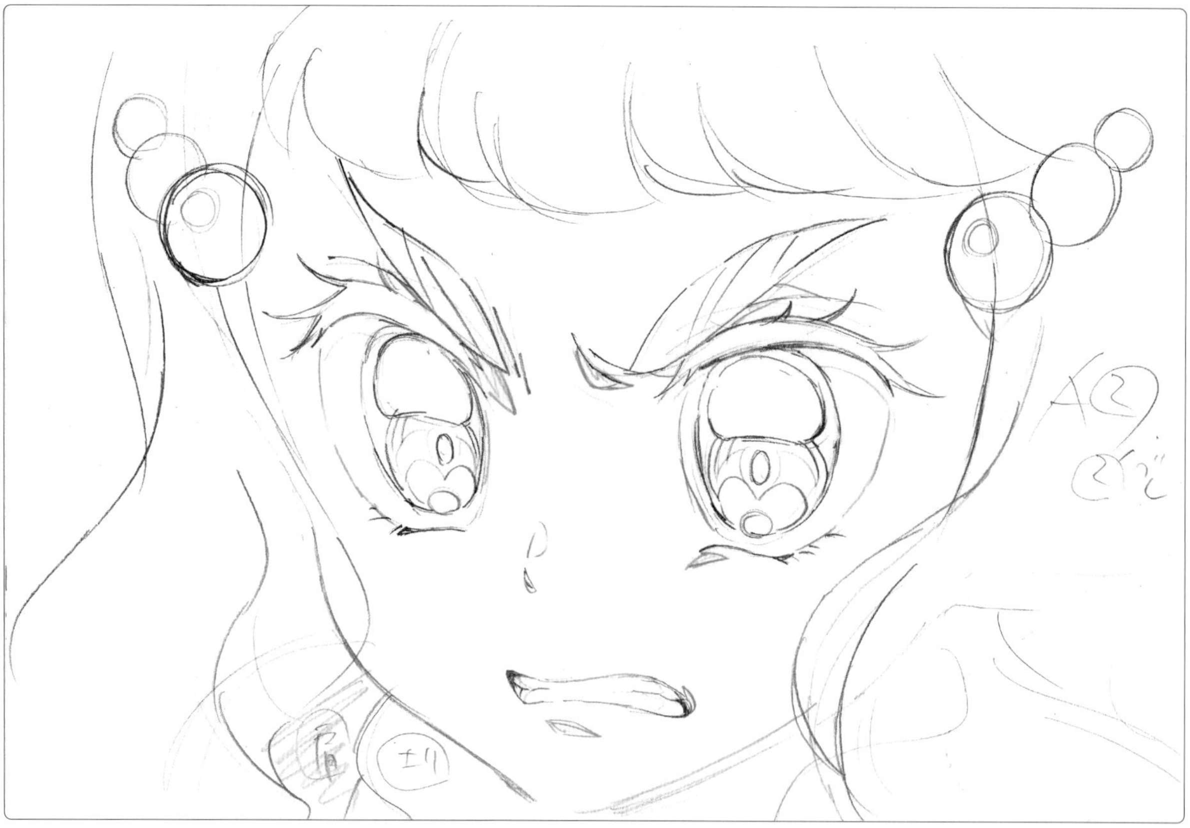

S22 Cut33
レイアウト修正

「まなつを、みんなをこんな目に遭わせて……。絶対に許さない！」。怒りを露わにしたローラは、眩い光に包まれながら、初めてキュアラメールへと変身する。

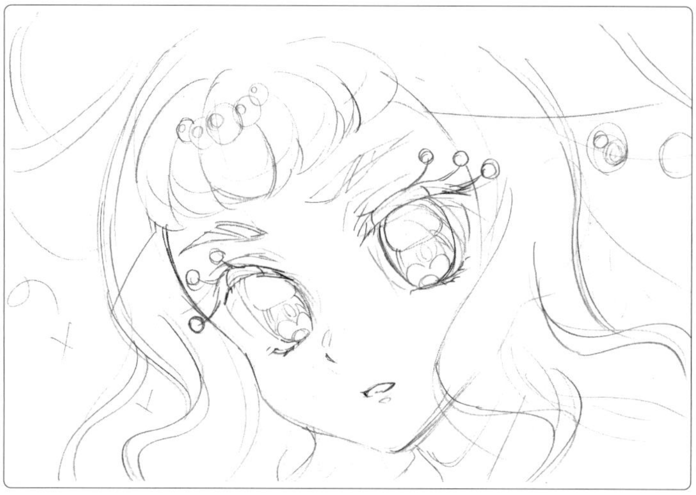

S23 Cut8
レイアウト修正

キュアラメールへと変身したローラは、気絶したまなつを助け出し、船上まで運ぶ。目を覚ましたまなつを見て、ホッとした笑顔を見せるキュアラメール。

S26 Cut6･7
レイアウト修正

チョンギーレたちとの戦いを終えた一同は、陸上に戻り、ホッとひと安心。変身を解いたまなつたちは、ローラの身に起こった変化に気づく。「ローラ……足！」。

S26 Cut9
レイアウト修正

自分の意思で、人間になることができたローラ。自分の身に起きた変化にまだ気づいていないローラは、きょとんとした表情を見せる。

S26 Cut8・11・14
レイアウト修正

ようやく自分の足で立っていることに気づくローラ。感極まって、一瞬、目に涙が浮かぶものの、そこから一転、満面の笑顔に。ローラの性格を反映した表情芝居も見どころだ。

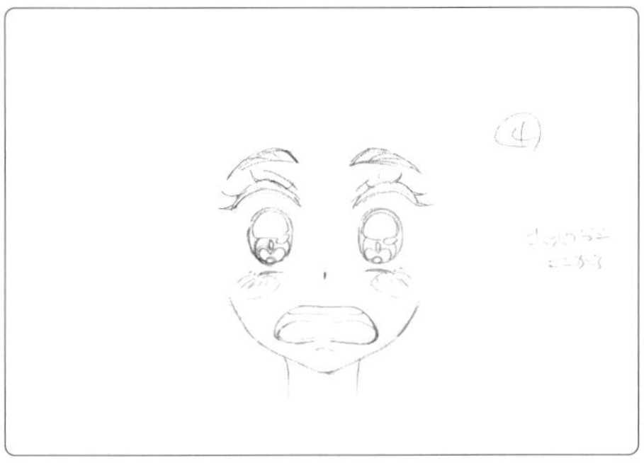

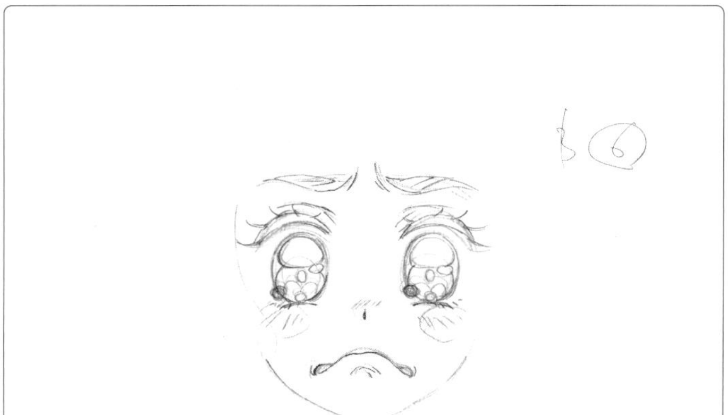

第33話「Viva！10本立てDEトロピカれ！」

いつも賑やかな彼女たちにふさわしく、ショートショートをギュギュッと詰め合わせたスペシャルなエピソード。和風なタッチからデフォルメキャラまで、絵柄も幅広い。

Cut9・10・11・12
レイアウト修正

最初のエピソード「トロピカれ　トロピカル侍」。侍の恰好をしたまなつとあすかが、険しい顔で互いに向き合う。荒々しい筆のタッチを活かした線も、雰囲気にぴったり。

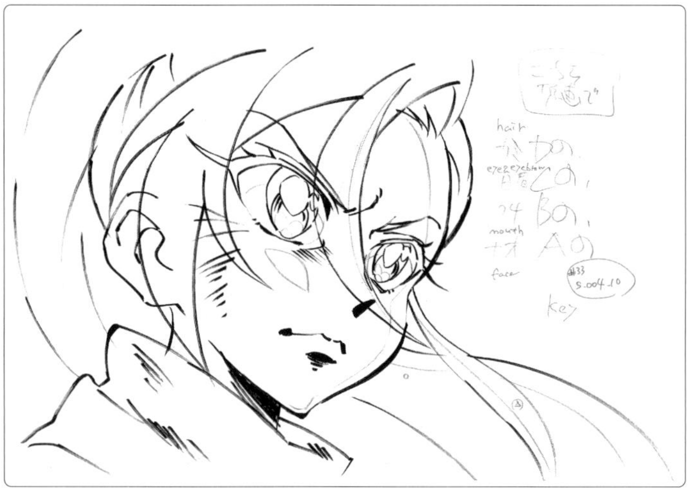

Cut16・17
レイアウト修正

腰から抜いたのは、刀ではなく長く伸びたハートルージュロッド。唇にリップを塗るには、持ち手の部分が長すぎた様子。

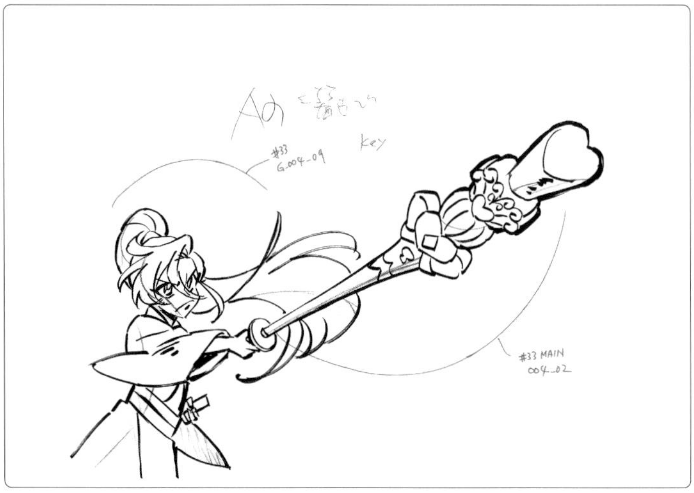

Cut92
レイアウト修正

マーメイドアクアポットの力で、またもやまなつたちの中身が入れ替わってしまうエピソード「入れ替わってトロピカれ」。あすかと入れ替わったさんごはトレーニングの結果、筋肉がムッキムキに!?

Cut105
レイアウト修正

チョンギーレとの戦いの最中、今度は全員が入れ替わってしまうというトラブルが！　みのりと入れ替わったくるるんは、なんだか難しそうな本を読んで、眼鏡姿に……。

Cut106
レイアウト修正

そして、そんなくるるんと入れ替わってしまったのは、なんとまなつ。口の形とピンクのヒゲ(？)はくるるんそのまま。何が起きたのか、今いちわかっていない様子。

Cut109
レイアウト修正

さらに、ローラはヤラネーダと中身がチェンジ!? 思いがけない展開に、あ然とする一同。

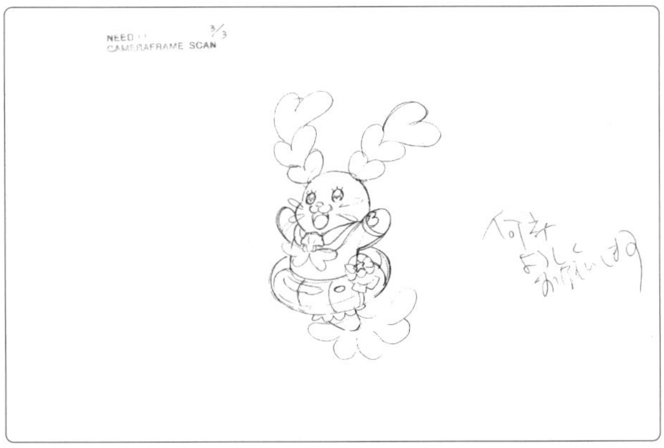

Cut122
レイアウト修正

「トロピカれ 新しいプリキュア誕生!?」から、プリキュアに変身したくるるん。メイクもバッチリ決めて、頭のハートマークも3倍に。変身バンクの作り込みにも驚かされる。

Cut162•164A
レイアウト修正

みんなで新技の名前を考えるエピソード「トロピカれ！新しい技！」。しかし技名があまりに長すぎるために、キュアサマーたちの作画がとんでもないことに!?

S1 Cut18
レイアウト修正

人魚の女王からグランオーシャンに戻るか、人間の世界に留まるか、どちらかを選ぶように迫られたローラ。ひとり抜け出した彼女は、どちらを選ぶべきか、苦悩の表情を浮かべる。

第46話「トロピカれ！わたしたちの今！」

トロフェスの本番が近づく中、グランオーシャンに戻るか、人間の世界に留まるか、選択を迫られる。5人の絆が感じられるこのエピソードでも、中谷は作画監督を担当した。

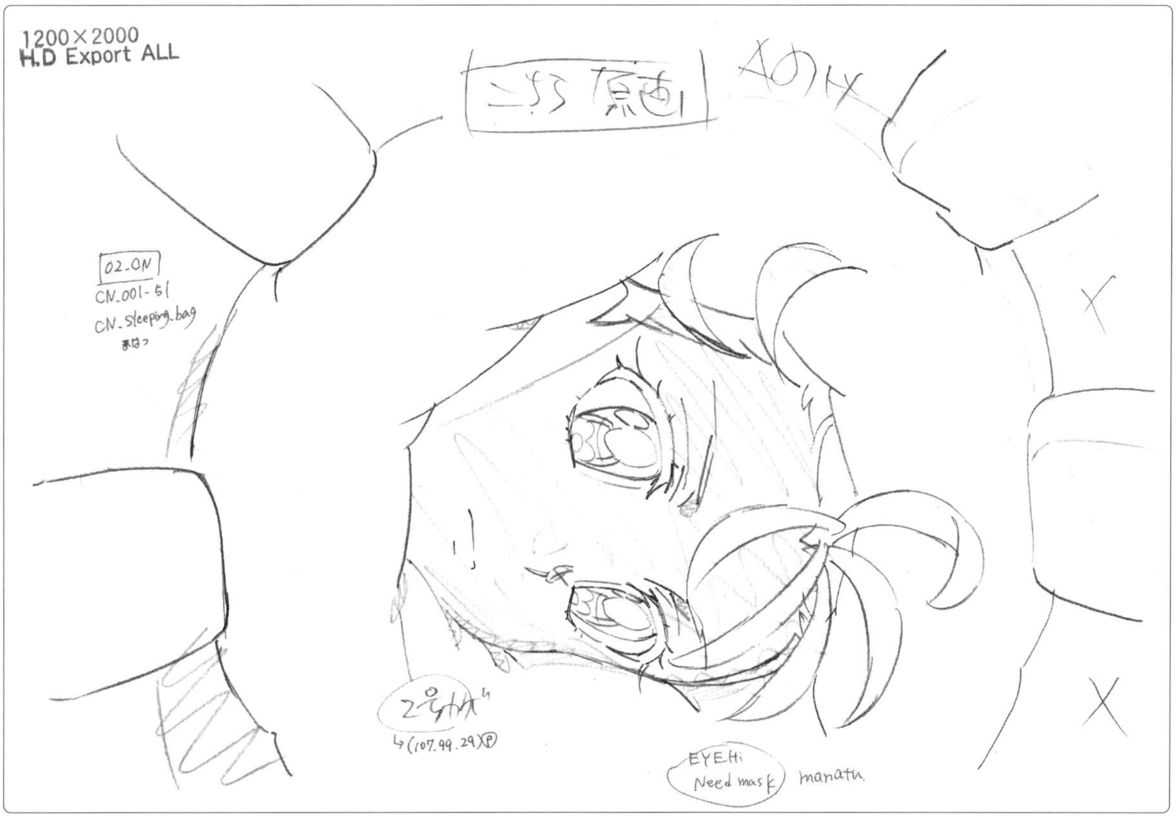

S1 Cut20
レイアウト修正

ローラが選択を迫られていることを知ってしまったまなつ。ローラの心中を思って、いつになく真剣な表情を浮かべる。

部室に集まり、ローラの告白を聞いたトロピカる部の一同。突然の展開に、みのりやさんごは戸惑いを隠せない。

S2 Cut25•26
レイアウト修正

S2 Cut27
レイアウト修正

ローラがグランオーシャンに戻るかもしれないと聞いて、苛立つあすか。思わず声を荒らげてしまう。

S2 Cut29
レイアウト修正

トロピカる部メンバーたちの反応を、黙ったままじっと受け止めるローラ。故郷に戻るのか、このまま人間の世界に留まる道を選ぶのか……。

S2 Cut32・33・34
レイアウト修正

「ローラは帰ったら、私たちのことを忘れてしまう」。人魚の女王から聞かされた話を思い出すみのりと、その言葉を受け止めるさんご＆あすか。重苦しい雰囲気が、トロピカる部の部室に流れる。

S2 Cut37
レイアウト修正

「私たちは忘れない！」。凛々しく、そう言い放つまなつ。その表情からは、大切な友達を思う強い気持ちと決意が感じられる。

S2 Cut39
レイアウト修正

たとえ記憶を消されても、絶対にローラのことは忘れない。強い決意とともに、まなつはローラに告げる。「私はローラが今、一番大事だって思うことをやってほしい」。

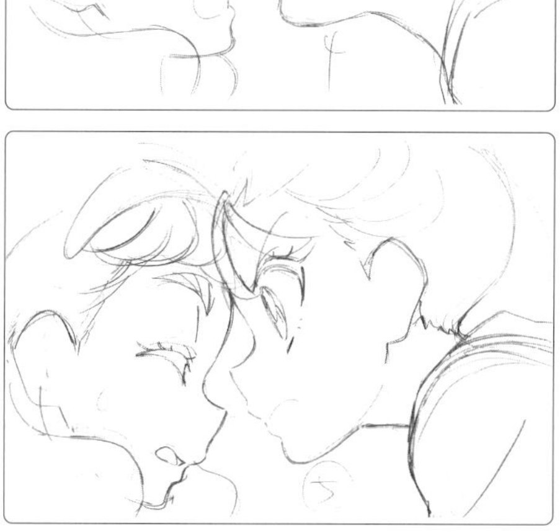

S2 Cut85
レイアウト修正

トロピカる部の一同による演劇が始まった。小説家役のみのりとローラ、そして剣士役のあすかとローラとのやり取り。これまでのエピソードを取り入れながら、舞台が進む。

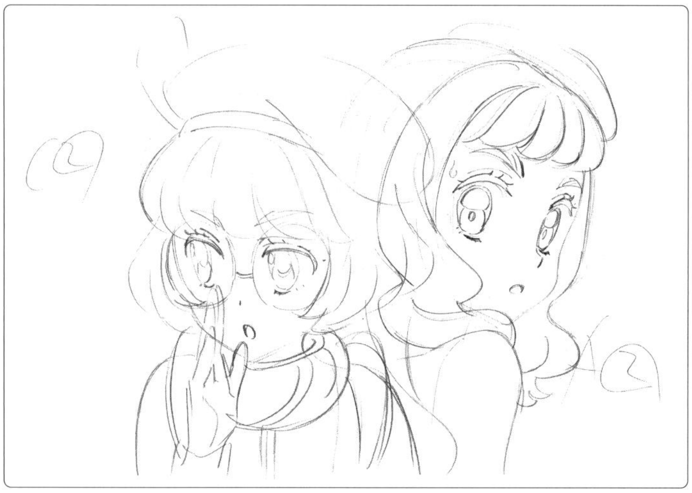

S2 Cut146
レイアウト修正

いよいよクライマックスへ。しかし予想外のハプニングに、会場は笑いに包まれる。思いがけない展開に焦るローラに、みのりは告げる。「それが私たちの物語だから」。

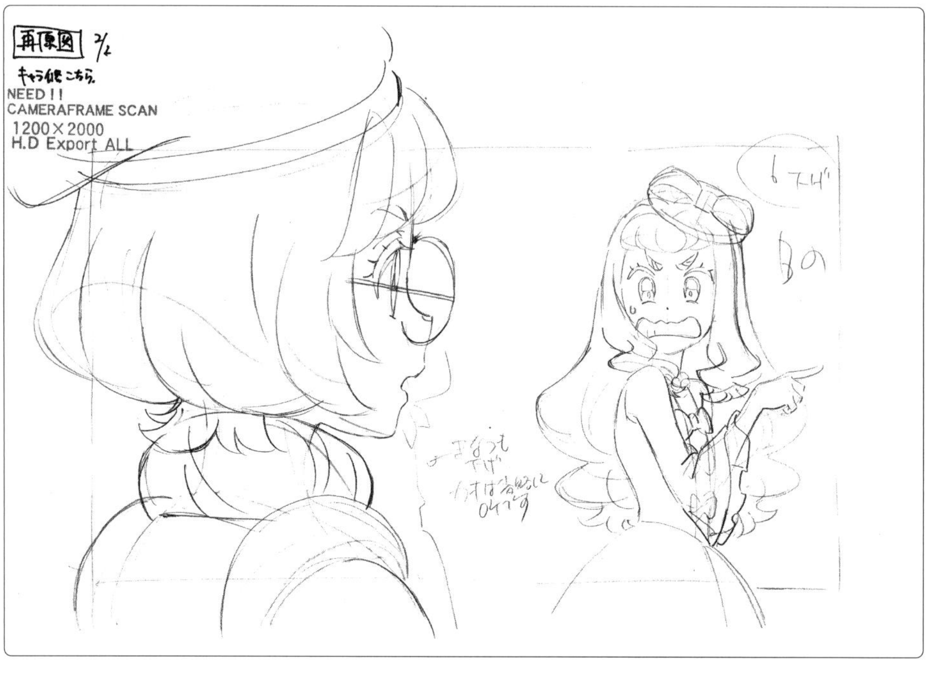

S2 Cut153・155A
レイアウト修正

そしてラストは、5人が一緒に歌う「なかよしのうた」へ。目と目を合わせ、これまでの友情を振り返るように、優しく歌いあげるローラとまなつ。

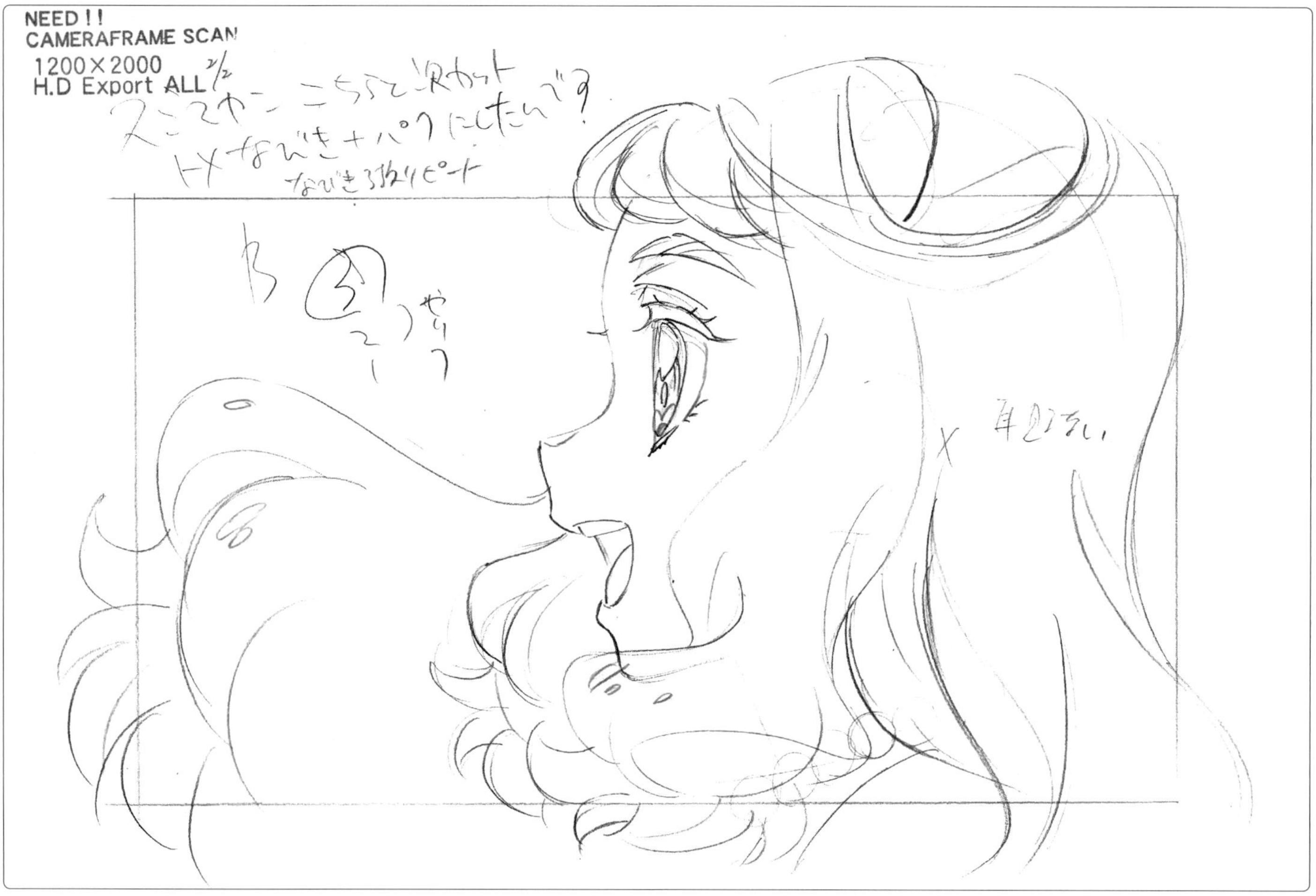

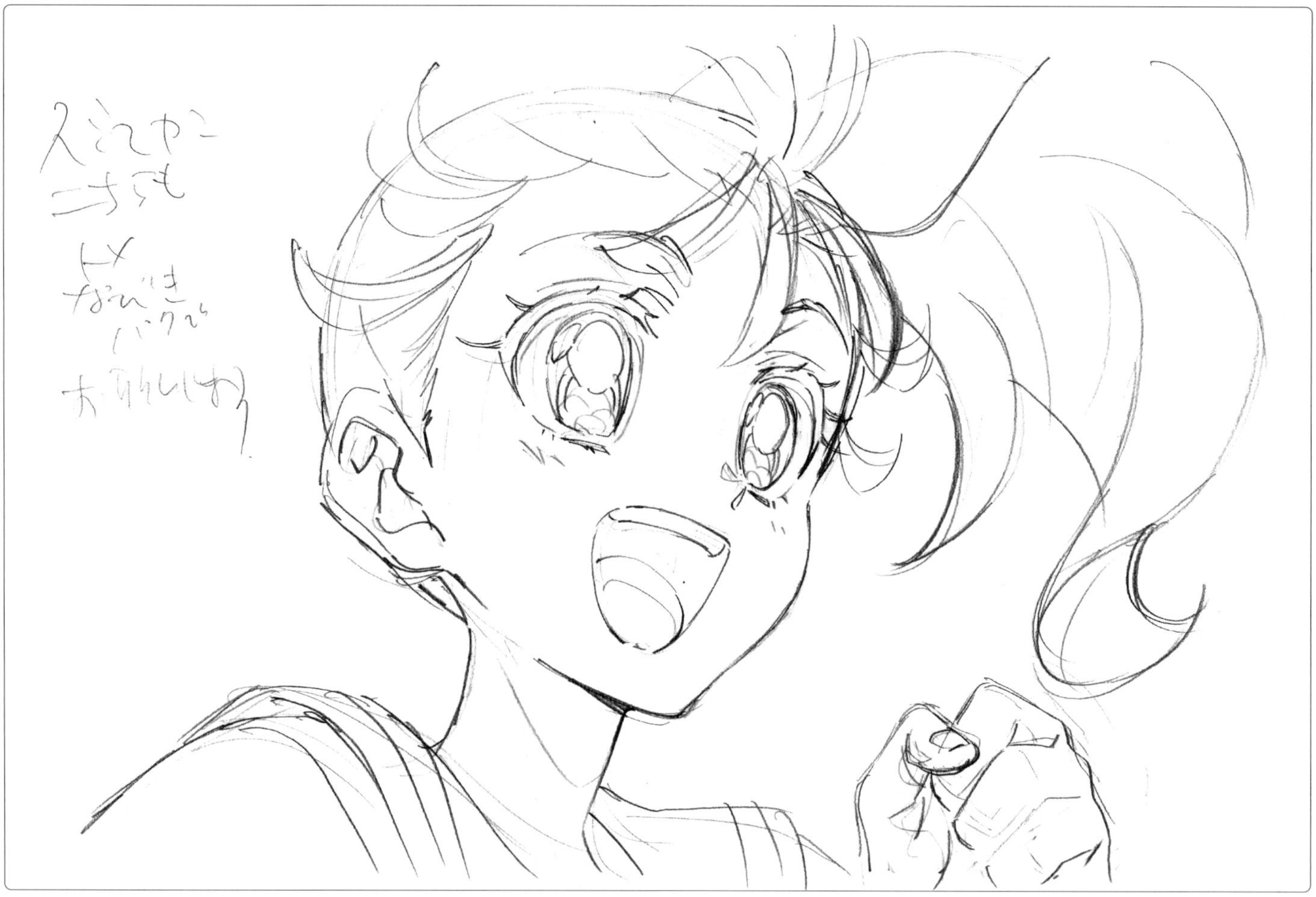

S2 Cut161・162
レイアウト修正

これまでも、これからもずっとずっと大切な友達。これまでの思い出を振り返りながら、自分たちの絆を歌声に乗せるローラとまなつ。その表情は晴れやかで、少し切ない。

S3 Cut12
レイアウト修正

S3 Cut14
レイアウト修正

トロフェスが終わった後、ついに別れのときがやってくる。「こういうときこそ、リップで気合いだよ」。そう言って明るく振る舞い1話と同じように、ローラの唇にリップを塗ってあげるまなつ。

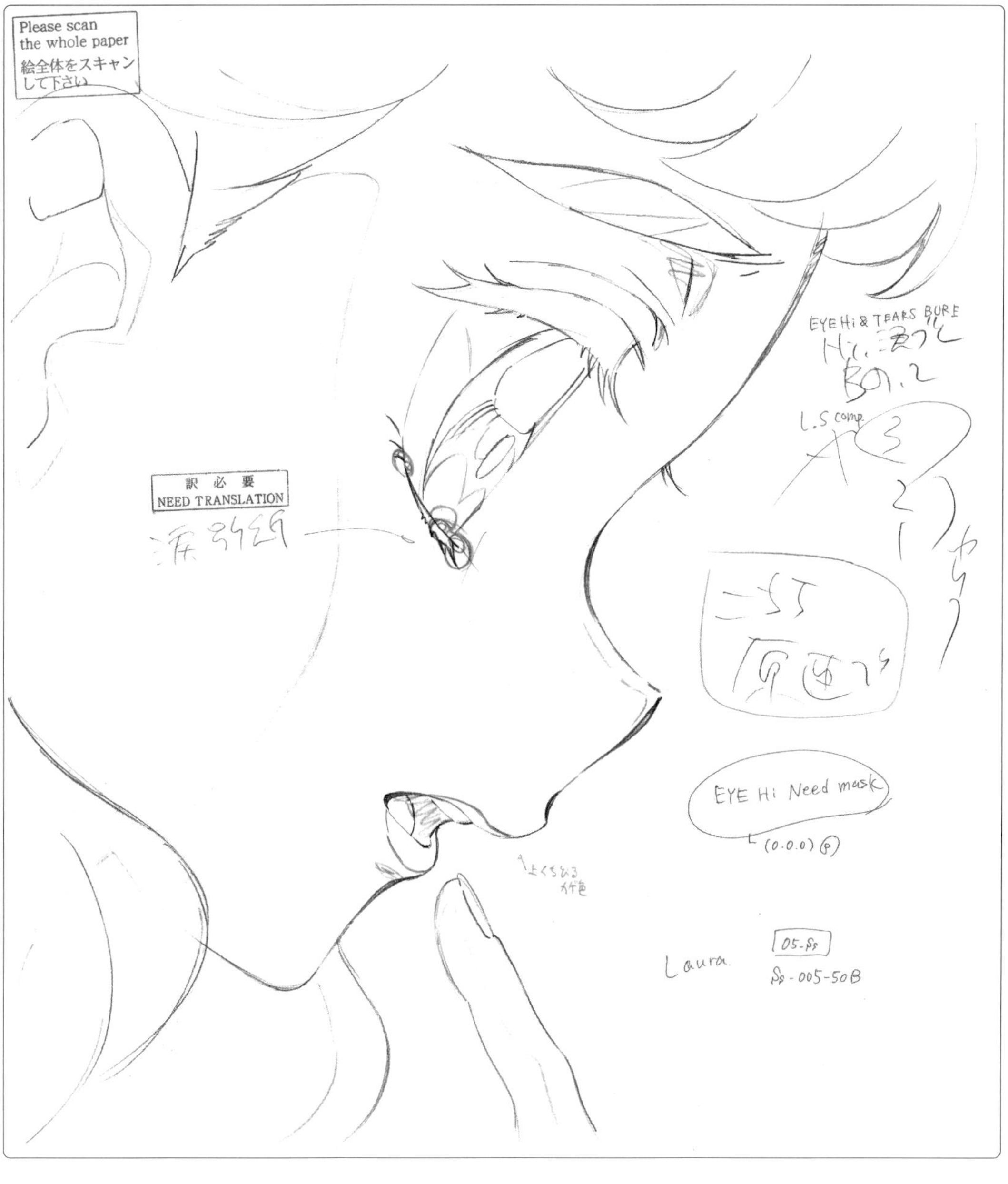

S3 Cut19
レイアウト修正

S3 Cut20
レイアウト修正

S3 Cut21
レイアウト修正

たとえ会えなくなったとしても、ローラは大事な友達。別れの寂しさを思い思いの言葉で表現するみのり、あすか、さんご。そのまっすぐな言葉が胸に刺さる。

S3 Cut26・27・28・29
レイアウト修正

「私のこと、忘れない？」。そんなローラの言葉に、絶対に忘れないと答える4人。「一生覚えてる」。真剣な表情に、4人の思いの強さが表れている。

S3 Cut31
レイアウト修正

4人の言葉を聞いて、思わず涙を流すローラ。「ありがとう、また会いましょう」。そう告げると、ローラは再び人魚の姿になり、海へと飛び込む。

S3 Cut35・38
レイアウト修正

海に飛び込んだローラを目にして、思わず名前を呼んでしまうまなつ。4人が見守る中、ローラは空中に飛び上がり、美しい姿を一瞬だけ見せる。

S3 Cut40
レイアウト修正

大切な友達との別れに、涙をこぼしながら、まなつは思わず駆け出す。「ローラ！」。もう二度とローラと会うことはできないかと思われたのだが……。

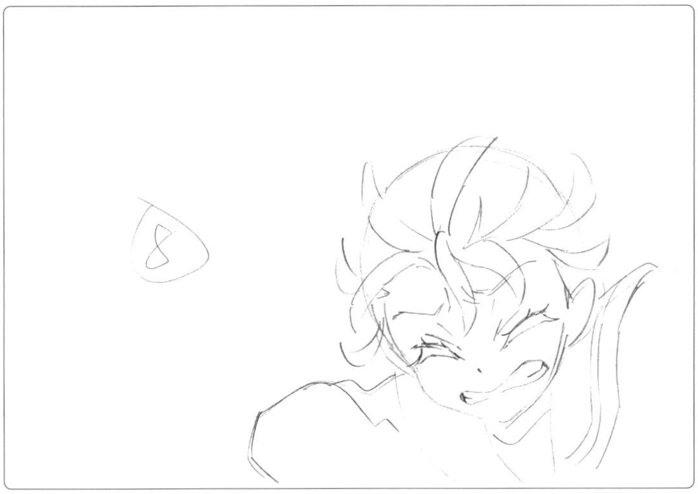

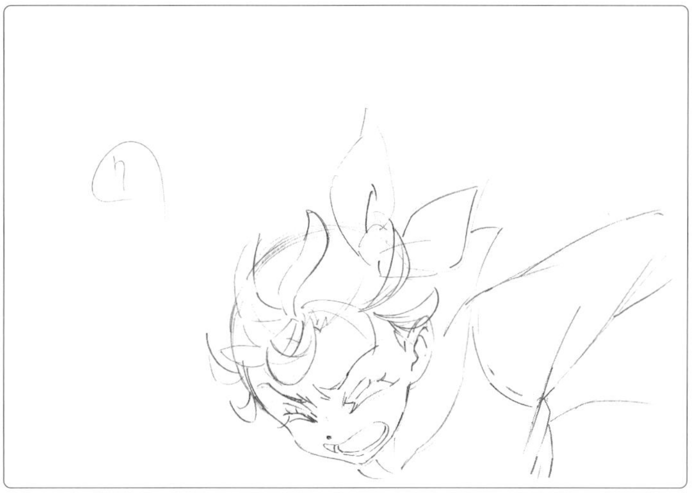

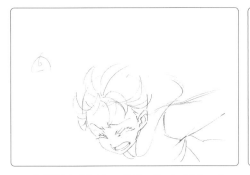

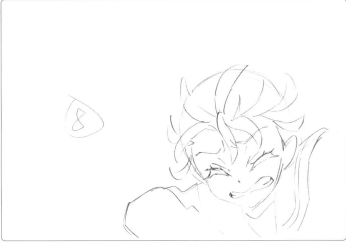

STAFF COMMENT

TALK ABOUT NAKATANI YUKIKO

TSUCHIDA YUTAKA

土田豊

アニメーション監督・演出家。『金色のガッシュベル!!』などで演出を担当した後、『金田一少年の事件簿R』で初シリーズディレクター。「プリキュア」シリーズには『スイートプリキュア♪』から参加し、映画『キラキラ☆プリキュアアラモード パリッと！想い出のミルフィーユ！』では監督を務めた。

本作で最初に中谷さんにデザインをお願いしたキャラクターはまなつとローラ、そしてその変身姿であるキュアサマーとキュアラメールの計4人です。

やはり何はさておき、まなつとローラ。このふたりがいかに作中で暴れまわるキャラになってくれるかが作品の肝です。発注の打ち合わせは絵を用いず言葉（文字）のみで行いましたので、どこまでうまくイメージが伝えられるか不安もありました。

しかし、それは杞憂でした。後日あげていただいた初稿にはバイタリティ溢れる常夏少女とふてぶてしさ溢れる野心家人魚の姿がありました。見事にまなつとローラの本質を捉えたビジュアルだったのです。

彼女たちは衣装などの細かい修正を経て無事決定稿へと至るのですが、初稿の時点でふたりのデザインはほぼ完成されていたと言っていいでしょう。

さて、ではプリキュア姿についてはどうだったでしょうか。

実はプリキュアのデザインを発注する段階で私はどう注文すれば良いのか悩みました。過去の歴代プリキュアたちの姿を見つめながら……。

シリーズものとしてプリキュアらしさを保ちつつ、『トロピカル～ジュ！プリキュア』チーム独自の個性＝特徴が欲しい。ここで言う特徴とはひとりひとり個別のものではなく、例えば全員ネクタイを付けている等、チーム共通の特徴です。

作品のキーワードを思い浮かべてみます。熱帯、海、人魚など……。では南国っぽい衣装が良いのでしょうか？ フラダンスの恰好？ リオのカーニバル？ なんか違う気がします。モチーフとして何を盛り込めば良いのか？ 白波？ 貝殻？ 困ったことに私は「これだ」と言えるような具体的なモチーフを提示できませんでした。

しかし、あげていただいたキュアサマーの初稿にはちゃんとその答えが示されていたのです。そう、トロピカル～ジュ！

プリキュアの衣装の特徴である「セーラー服」は中谷さんのアイデアです。

セーラー服というモチーフは灯台下暗しでした。プリキュアの衣装は日常で着る学校の制服とは差別化が必要です。それに、かの先達「セーラームーン」に似てしまうのも怖いですから、普通は無意識に避けるモチーフです。

でも、考えてみれば南国風の海辺の町を舞台にした作品です。元来水夫の服装であるセーラー服とは親和性が高い。また、学園ものの要素が強い作品としても学生服であるセーラー服は合っている。二重の意味でセーラー服にする意味があるわけです。これだ！

というわけで、セーラー服の襟がキュアサマー、キュアコーラル、キュアパパイア、キュアフラミンゴ4人共通のモチーフとなりました。

ん？ では、キュアラメールはどうなるのでしょう？ 彼女はむしろ独自性が前面に出るプリキュアです。設定をご覧いただくとわかるように、胸の貝や腰のケースなどは4人と共通ですが、全体的には異色な印象です。彼女はシリーズ途中からの追加プリキュアで変身アイテムも異なり、特殊なポジションだからです。

キュアラメールは人魚から人間姿になったプリキュアとして、「うろこ」「真珠」等のモチーフで海、人魚っぽさ、神秘性を出しつつ白タイツで脚を目立たせ、ネイル担当キャラとして足の爪を見せたりしています。このように細かく見るといろいろなデザイン的アイデアが盛り込まれているのがわかると思います。それは他のキャラクターも同様です。

中谷さんには5人のプリキュア以外にもたくさんのキャラクターを作っていただきました。

その魅力はこんな文章を読むより実際にご覧いただいた方が良くわかると思います。

わー、トロピカってる～！

MURASE AKI

村瀬亜季

2016年に東映アニメーションに入社。設定制作やアシスタントプロデューサーとして『プリキュア』シリーズに参加し、映画『スター☆トゥインクルプリキュア 星のうたに想いをこめて』で初めてプロデューサーを務める。TVシリーズとしては『トロピカル～ジュ！プリキュア』が初のプロデュース作となる。

『トロプリ』を支え、育ててくださった大好きな中谷さんへの感謝の気持ちを込めて。

「東映アニメーションプリキュアワークス2」刊行、おめでとうございます！

トロピカってる～!!

私が東映アニメーションに内定をもらった2015年に放送されていたのが『Go！プリンセスプリキュア』でした。就職を目の前にアニメーションを制作視点で見始めた頃。「つよく、やさしく、美しく」という作品の魅力がぎゅっと詰めこまれた中谷さんのキャラクターデザインに強く惹かれたのを覚えています。

そこから5年ほど経って、初めて企画を担当したTVシリーズ『トロピカル～ジュ！プリキュア』で、中谷さんとご一緒できることに……！ 奇跡、だと思いました。企画や演出、いろいろな視点から意図をくみ取った上で、未熟な私のワガママもたくさん受け止めてくださり、本当にありがとうございました。

キュアサマーの設定画を見ると思い出すのは、設定が決定稿となったとき。あるアニメーターさんの「キャラクターが動き出して見えるよ」という言葉。まさにその通り。中谷さんの描くキャラクターは、まるで私たちと同じ次元に実在しているかのような〝動の存在感〟があるんです。番組が終わった今でも、キュアサマーたちは、いつまでも変わらずココにいると思えます。ずっと前から友達だったかのような懐かしさと親しみのある表情に、芯のある瞳。中谷さんのデザインが、キャラクターを自由に生かし、可能性を無限大にしてくれました。

主人公【キュアサマー／夏海まなつ】は、小さな島育ちのお転婆少女という設定の反面、「子どもたちの憧れの的」となる作品のセンター。さらに、担当カラーはピンクではなく、白×虹色。キャラクターの本質に加え、プリキュアのセンターとして守りたいところ、『トロプリ』で挑戦するところの欲張りメニュー。そんな欲張りをすべてくみ取ってくださり、「トロプリ＝キュアサマー」と言っても過言ではないくらいの力強いキャラクターを生み出してくださいました。

また、作品の中でも準主役的な存在の【キュアラメール／ローラ】。第1話から登場するけれど、途中までプリキュアに変身しない特殊な立ち位置。前半の彼女の存在感をどう作っていくのか、どう印象付けるか、シナリオ初期段階でははっきりとしたイメージがついていませんでした。しかし、中谷さんのデザインを見て、圧倒的な存在感のある人魚・ローラの誕生を確信しました。

そして、意外にも苦戦したのは、【くるるん】でしたね（笑）。マスコット妖精枠にしては、異色な立ち位置だったため、「何もせずいるだけで癒される、かわいい」を目指して何度もやり取りした記憶があります。中谷さんに粘っていただいたおかげで、登場尺はなんとも短いですが、スタッフにも大変愛されたキャラクターになりました。

お話ししていると、中谷さんは落ち着いた柔らかい印象を受けますが、描かれるデザインからは情熱的で強い想いを感じます。そのデザインの力の秘密は、なによりも「自分が楽しんで好きだと思う気持ちを大事にされていること」、ではないでしょうか。中谷さんが真摯に向き合って描いてくださるからこそ、キャラクターが嘘偽りのない本物の存在になる。『トロプリ』を通して、社会人0年目だったときの私が中谷さんのデザインに惹かれた理由に気づけました。

『トロプリ』のキャラクターデザイナーが中谷さんで本当に良かった。

まなつやローラたちと出会わせてくれて、ありがとう。心から感謝しています。

イラストギャラリー初出一覧

PAGE 004·005
トロピカル～ジュ!
プリキュア
スチール
東映アニメーション

PAGE 006·007
トロピカル～ジュ!
プリキュア
スチール
東映アニメーション

PAGE 008·009
トロピカル～ジュ!
プリキュア
スチール
東映アニメーション

PAGE 010·011
トロピカル～ジュ!
プリキュア
スチール
東映アニメーション

PAGE 012
トロピカル～ジュ!
プリキュア
番宣ポスター
東映アニメーション

PAGE 013
「トロピカル～ジュ!
プリキュア感謝祭」
キービジュアル
東映アニメーション

PAGE 014
トロピカル～ジュ!
プリキュア
Blu-ray①
マーベラス

PAGE 014
トロピカル～ジュ!
プリキュア
Blu-ray②
マーベラス

PAGE 015
トロピカル～ジュ!
プリキュア
Blu-ray③
マーベラス

PAGE 015
トロピカル～ジュ!
プリキュア
Blu-ray④
マーベラス

PAGE 016
トロピカル～ジュ!
プリキュア
Blu-ray
Amazon全巻購入特典
マーベラス

PAGE 017
トロピカル～ジュ!
プリキュア
オフィシャル
コンプリートブック
学研プラス

PAGE 018
トロピカル～ジュ!
プリキュア
等身大タペストリー
エンスカイ

PAGE 018
トロピカル～ジュ!
プリキュア
等身大タペストリー
エンスカイ

PAGE 018
トロピカル～ジュ!
プリキュア
等身大タペストリー
エンスカイ

PAGE 019
トロピカル～ジュ!
プリキュア
等身大タペストリー
エンスカイ

PAGE 019
トロピカル～ジュ!
プリキュア
等身大タペストリー
エンスカイ

PAGE 020
トロピカル～ジュ!
プリキュア
パネル用イラスト
東映アニメーション

PAGE 020
トロピカル～ジュ!
プリキュア
パネル用イラスト
東映アニメーション

PAGE 020
トロピカル～ジュ!
プリキュア
パネル用イラスト
東映アニメーション

PAGE 021
トロピカル～ジュ!
プリキュア
パネル用イラスト
東映アニメーション

PAGE 021
トロピカル～ジュ!
プリキュア
パネル用イラスト
東映アニメーション

PAGE 022
トロピカル～ジュ!
プリキュア
玩具用イラスト
バンダイ

PAGE 022
トロピカル～ジュ!
プリキュア
玩具用イラスト
バンダイ

PAGE 023
トロピカル～ジュ!
プリキュア
エンディング用イラスト
東映アニメーション

PAGE 023
トロピカル～ジュ!
プリキュア
エンディング用イラスト
東映アニメーション

PAGE 023
トロピカル～ジュ!
プリキュア
エンディング用イラスト
東映アニメーション

PAGE 023
トロピカル～ジュ!
プリキュア
エンディング用イラスト
東映アニメーション

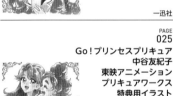

PAGE 023
トロピカル～ジュ!
プリキュア
パネル用イラスト
最終話エンドカード
東映アニメーション

PAGE 024
Go!プリンセスプリキュア
中谷友紀子
東映アニメーション
プリキュアワークス
特典用イラスト
一迅社

PAGE 024
Go!プリンセスプリキュア
中谷友紀子
東映アニメーション
プリキュアワークス
特典用イラスト
一迅社

PAGE 024
Go!プリンセスプリキュア
中谷友紀子
東映アニメーション
プリキュアワークス
特典用イラスト
一迅社

PAGE 024
Go!プリンセスプリキュア
中谷友紀子
東映アニメーション
プリキュアワークス
特典用イラスト
一迅社

PAGE 025
Go!プリンセスプリキュア
中谷友紀子
東映アニメーション
プリキュアワークス
特典用イラスト
一迅社

PAGE 025
Go!プリンセスプリキュア
中谷友紀子
東映アニメーション
プリキュアワークス
特典用イラスト
一迅社

PAGE 025
Go!プリンセスプリキュア
中谷友紀子
東映アニメーション
プリキュアワークス
特典用イラスト
一迅社

PAGE 025
Go!プリンセスプリキュア
中谷友紀子
東映アニメーション
プリキュアワークス
重版特典用イラスト
一迅社

PAGE 026
Go!プリンセスプリキュア
Febri特別号
プリキュア15周年
アニバーサリーブック色紙
一迅社

PAGE 026
トロピカル～ジュ!
プリキュア
東映アニメーション
プリキュアワークス2
発売記念色紙
一迅社

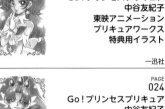

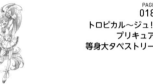

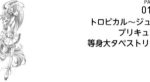

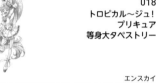

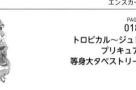

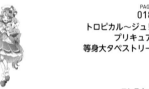

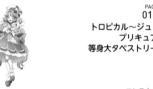

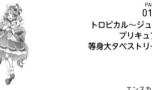

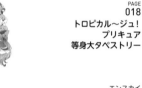

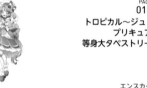

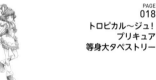

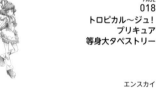

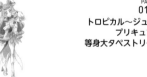

中谷友紀子 東映アニメーションプリキュアワークス 2

2022年10月1日　初版発行

画 ―――――――――― 中谷友紀子

監修 ―――――――――― 東映アニメーション株式会社

カバーイラスト ―――――― 中谷友紀子

仕上げ ―――――――――― 東映アニメーション株式会社

構成・執筆 ―――――――― 宮 昌太朗

装丁・本文デザイン ――――― 宮下裕一 [imagecabinet]

編集 ―――――――――― 前田絵莉香

編集協力 ―――――――― 大朏奏子

協力（50音順） ――――――― 株式会社学研パブリッシング
株式会社バンダイ
株式会社マーベラス
東映株式会社
東映ビデオ株式会社

Special Thanks ―――――― 土田 豊
村瀬亜季

発行人　野内雅宏

編集人　串田 誠

発行所　株式会社一迅社
〒160-0022
東京都新宿区新宿3-1-13　京王新宿追分ビル5F
編集部：03-5312-7439
販売部：03-5312-6150

発売元：株式会社講談社（講談社・一迅社）

印刷・製本　大日本印刷株式会社

Printed in JAPAN
ISBN 978-4-7580-1783-1

中谷友紀子【なかたにゆきこ】

1986年10月30日生まれ。愛知県出身。2006年に『貧乏姉妹物語』で原画を担当したあと、2008年よりアニメ『ONE PIECE』にて初作画監督を務める。『ヤッターマン』や『俺の妹がこんなに可愛いわけがない』『ロウきゅーぶ！SS』などに関わり、2015年に『Go！プリンセスプリキュア』で初めてキャラクターデザインを務める。その後も『映画プリキュアドリームスターズ！』ではオリジナルキャラクターデザインと総作画監督を担当した。

PRESENT
中谷友紀子さん
描き下ろし色紙

本書アンケートハガキに回答していただいた方の中から抽選で1名様に、本書P.26下段に掲載したイラストが印刷された「直筆サイン入り記念色紙」をプレゼントいたします。なお、読者プレゼントは、第三者への譲渡、譲渡申し出、オークション出品等を固く禁止させていただきます。これに違反した場合は、当選を取り消し、賞品の返還ないし価格賠償をお願いいたします。締切は2022年12月末日消印有効。当選者の発表は、発送をもってかえさせていただきます。